まだ間に合う!

定年までに複数収入をつくる「お金革命」

―― 50歳からの稼ぎの新習慣 ――

Tetsu Funagayama
船ヶ山 哲

きずな出版

・年功序列の廃止
・役職定年の導入
・優秀な若手の台頭で居場所がない会社
・あてにならない退職金
・先送りにされる年金制度
……etc.

いまの会社にしがみつき、
他人がクビを宣告される度に
「次は、自分かも……」と怯える生活を余儀なくされるか。

いまから自立する準備をして、
会社に頼らずとも
一生の生活基盤を構築する生き方を選択するか。

はじめに

1985年から6年にわたり起こったバブルで、日本は経済大国になりました。

ニューヨークの一等地を日本企業が買い、各国に広がるブランドショップは日本人であふれかえりました。

あれから約30年……日本人の地位は、世界的に見て、あきらかに下がってしまいました。

ハリウッド映画でも、アジア人の枠は中国に奪われてしまいました。

その影響もあってか、いまだに中国の勢いはとどまることを知りません。

銀座に行けばブランドものを大量に買いあさり、オークション会場に行けば鑑定書がない骨董品ですら億単位の入札に糸目をつけない——これでは日本人が勝てるはずもありません。


そんな中、これまでの日本人の働き方を否定するかのような法案が、2018年6月に可決されました。

「働き方改革」です。

ゆとり世代やさとり世代は、この法案をすんなり受け入れることができたかもしれません。しかし、バブルを生き残った団塊の世代前後の人たちは、正直、素直に受け入れることなどできないのではないでしょうか？

定年雇用を愛し、骨を埋めるつもりで愛社精神を語る。

転職する奴は反逆者だと罵《のの》り、年功序列に賛同する。

ある意味これらが、これまでの日本文化の根底的考えでもあったので、誰も疑うことをしませんでした。

しかし、そんな考え方は時代と共に「古い」と言われ、出来高制の導入や成果主義といった、個人の能力に比重が置かれた考え方に移行していきました。

結果、これまで「正」とされてきた学校教育まで考え方をあらため、自由主義を謳《うた》うフリースクールなども増え始めてきました。

このような流れは、世界を見れば決して特別なことではありません。

むしろ、日本の考えが遅れています。

いま私は海外に住み、世界中でビジネスをしていますが、日本は世界から「勤勉な国家」ではなく、「生産性の低い国だ」と言われていることを知っています。

同じ時間と労力をかければ、他国ではもっとハイクオリティ&ハイパフォーマンスを出せると思われているのです。

だからといって、日本が終わったわけではありません。日本で活躍している人はたくさんいますし、これから活躍する場というものも数多くあります。

しかし、先ほども言ったように、過去のやり方に固執していたら、うまくいくものも失敗してしまいます。

過去のやり方は、いまの時代に通用しなくなってきているということです。

いまでは死語となった「飲みニケーション」に始まり、やみくもにインターフォンを押しまくる飛び込み営業など、昔は許されたものが、いまは難しくなりました。

どちらの人生を選択しますか??

クビ!
複数収入もあるし、いつ会社をやめても大丈夫!!
次は自分かもしれない…。

モラルの制限が厳しくなったことで、パワハラ、モラハラなどと言われてしまう時代にもなりました。

インターネットの出現で、人間がおこなうよりも、ミスをしない機械がおこなったほうが確実という見方が常識となりました。

このような時代の流れの中、あなたはどう生きるでしょうか。

いまの会社にしがみつき、他人がクビを宣告される度に「次は、自分かも……」と怯える生活を余儀なくされますか?

それとも、いまから自立する準備をして、会社に頼らずとも一生の生活基盤を構築する生き方を選択しますか?

あなたの人生なので、私がとやかく言うことではありません。

でも、40代後半～50代を迎えるあなたは、会社から役職定年を打診されたり、定年後に嘱託《しょくたく》雇用されることで給料が半分になるということを周囲から聞かされるたびに、今後の人生の身の振り方を考えているはずです。

だとしたら、何の根拠もない楽観主義をいますぐ捨て、大切な家族を守るために、第二の人生設計をすることをおすすめします。

私には、世界中に40～50代のクライアントがいます。

直接指導させていただいている方々は、みんな目覚ましい成果を出されています。

しかし、彼ら彼女らのまわりにいる、いわゆる一般的なサラリーマンと言われる40～50代のビジネスパーソンの事例を聞いていると、悲しくなることがあります。

それは、多くの人がインターネット上で公開されている「誰でも未経験から起業できる！」といったような情報にだまされてしまうことです。家族や守るべきものがあるにもかかわらず、失敗し、借金を抱えて路頭に迷ってしまう人が多いのです。

本書はおもに、いま会社勤めをされているサラリーマンや公務員などの方々、そして、独立はしているけれど貧乏暇ナシの生活を余儀なくされている個人事業主の方々がメインターゲットになります。

そんな方々が、嘘の情報に踊らされて、不幸な目に遭ってしまう。私はそんな状況を憂いています。だからこそ、本当の考え方というものをお伝えしたい。

40～50代の定年を迎える前の世代の方々に、お金に困ることのない人生後半をつくってもらいたい、そう思って今回は筆を執りました。

とはいえ、これまで30年近く会社員を務めてきた方にとっては、何をして、どの順番で行動していけばいいのかもわからないと思います。

そこで本書では、インターネットにそこまでくわしくない50歳以上の方でも、無理なく自分のビジネスをスタートさせ、会社員時代とは比較にならない収入を得てもらう方法を、ステップバイステップでお伝えしていきます。

なぜ「インターネットにくわしくなくても」と言ったかというと、50代の人にはインターネットを使ったビジネスは難しすぎるからです。だからあえて、なるべくネットを使わない方法をお伝えします。

そうすることで、無謀なチャレンジに足をすくわれることなく、かつ安全にビジネスを立ち上げます。そして、会社の顔色を伺うことなく、自分だけの世界を構築することができるようになります。それが本書の考え方です。

その一部を簡単にご紹介すると、

- **これまでの知識と経験を活かすことで、ゼロスタートを回避する方法**
- **いままでのステータスを壊すことなく、できるだけ維持させながらビジネスを構築する**
- **若者には決して真似できない、アイデアと発想のリソースの活用法**
- **労働を卒業し、仕組みを構築することで確立する、自動化資産構築術**

これは本編で公開するほんの一例です。

この内容を読むことで、迫り来る会社の定年に怯えてビクビクした毎日を送るのではなく、刺激的で明るく輝かしい生活が待っていることは、言うまでもありません。

いまお勤めの会社で給料を2倍、3倍にすることはできないと思いますが、自分でビジネスを構築し、世に価値を生み出すことができれば、いまの給料の10倍は軽く超え、人によっては100倍になるなんてこともあり得るからです。

再現性は保証します。その証拠に、このあとに40～50代で会社員時代の何倍も稼ぐようになった、私のクライアントの方々の事例もご紹介します。

私自身、10年間サラリーマンをしましたが、起業後3年で億単位のお金を稼ぎ、7年で当時の給料の100倍もの収益を生み出すことができるようになりました。

これも、正しいやり方と思考を習得した結果です。

私がこの数年の間に学んだすべてを継承するかたちで、この書籍を通じてあなたにバトンを渡したいと思います。それがこの本を書いた目的であり、私の使命でもあるのです。

それでは、50歳からでもまだ間に合う複数収入のつくり方、その名も「**お金革命**」のスタートです。

①

身体だけを治療する技術に限界を感じ、新規事業を立ち上げた村上さん

◎お名前：村上剛さん（50歳）

◎起業するまでの職種：治療家（接骨院）

◎現在の事業：社員研修アドバイザー

◎どの程度儲かっているか：年商1800万円

治療として身体だけを見ていては、本当の意味で不調の人を健康にしてあげるということができないと感じ、「心」に関して世界の権威から学ぶことを決意しました。

そこで得た知識と経験を活かし、治療家として業務をおこなう以外に、新規事業を立ち上げ、社員研修や講師業を始めることに……。

しかし、サービスを始めても一向に広がっていかないことに苛立ちを覚え、船ヶ山先生に出会うことで、集客やセールス、仕組みづくりを教えてもらいました。

結果、前年比をはるかに上回り、10か月で1800万円を売り上げました。

いまでは、身体をメインに扱う治療家としてだけでなく、心を扱う講師としても、活動の場を広げることができています。

②

29年間勤めた大手メーカーを退社し、新たな挑戦に踏み出した荒船さん

◎お名前：荒船昌子さん（50歳）

◎起業するまでの職種：大手メーカー勤務（事務職）

◎現在の事業：メディカルカウンセラー

◎どの程度儲かっているか：2日間のイベントで700万円

30歳を超えたあたりから、不調を感じ、若年性更年期障害を患いました。これでは生活に支障をきたしてしまうので、通院を含め、さまざまな方法を試しましたが、一向に改善されないまま10年以上、悩み続けました。

そんな中、友人から紹介されたメディカルハーブを服用することで、これまで悩んできた不調が一気に改善し、当時の元気を取り戻したのです。

船ヶ山先生のもとでイチからビジネスを学びながら、自分の経験をもとに、いまでは更年期障害で悩む人たちを救う存在として、ホルモンバランスを調整するカウンセラーとして、世界中を飛び回って活動できています。

③

外科医を辞めて、
健康アドバイザーになった石黒さん

◎お名前：石黒成治さん（46歳）

◎起業するまでの職種：外科医（手術専門）

◎現在の事業：健康アドバイザー

◎どの程度儲かっているか：月商240万円

医師の仕事はほかの業種と比べても給料の高い職種ではあったが、そのぶん拘束されることが多く、かつ、医師という立場上、対症療法しかできないことに疑問を感じ、事前療法を学び始めました。

医師という職業も嫌いではなかったし、最初は副業のようなかたちでできればいいと思っていたのですが、船ヶ山先生から「なんで、いつまでも年収の低い医者などやっているのですか？」と言われ、自分の意識の低さに落胆し、病院を辞めて本格的に起業することを決意しました。結果、医師の合間に始めた副業で月商240万円を稼ぎ出し、念願の起業を叶えました。いまでは病気が発症してから処置を施すのではなく、事前の健康を扱う指導者として活動の幅を広げています。

④

ガンをきっかけに、体内毒素を排出するセラピストになった大村さん

◎お名前：大村加須美さん（43歳）

◎起業するまでの職種：専業主婦

◎現在の事業：体内毒素を排出するボディーケアセラピスト

◎どの程度儲かっているか：年商2000万円

40歳手前にして子宮頸がんを発症。手術は無事成功し、ガンを取り除くことはできましたが、「ガンの脅威は術後にある」と医師から言われ、再発および子どもたちへの遺伝を恐れ、毒素を体内に溜めない施術を学び、自宅サロンをオープンさせました。

しかしながら、思いとは裏腹にオープン初日から客足はなく、即日、開店休業状態に追い込まれました。

この現状に直面したとき、ビジネスを学んでいないことに気づき、船ヶ山先生のもとを訪れ、集客や仕組みづくりを学びました。

結果、自宅のある関西だけでなく、関東にも新規出店をすることができ、2か月待ちの人気店に成長。

いまでは、この数年で学んできた知識や経験をパッケージ化し、技術を教えるスクールも開講。後継者育成にも力を入れています。

⑤

サラリーマン生活に疑問を感じ、第二の人生に可能性をかけた野崎さん

◎お名前：野崎綾二さん（43歳）

◎起業するまでの職種：機器製造メーカー勤務（営業職）

◎現在の事業：営業代行

◎どの程度儲かっているか：会社設立からわずか2か月で売上2000万円

年齢的に会社でも中間管理職になることで、「このまま定年を迎えていいのか？」と疑問を感じるようになりました。

そう感じたとき、いままで自分の中で押し込めていた気持ちがあふれ出し、気づけば会社に退職届を出し、独立することを宣言。しかし、いままではサラリーマンとして生きてきたので、何が自分にできるのかがわかりませんでした。そんな中、船ヶ山先生に出会い、自分のビジネスを見つけてもらうことに。

結果、これまでの知識と経験を踏まえ、自分でも気づかなかった得意（営業代行）をビジネスにしたところ、会社設立からわずか2か月で売上2000万円を受注し、第二の人生を好調にスタートできました。

⑥

ブラック企業を退職し、億超えプレイヤーとなった品川さん

◎お名前：品川公平さん（44歳）

◎起業するまでの職種：住宅販売（総合プランナー）

◎現在の事業：物販ビジネスを教えるコンサルタント

◎どの程度儲かっているか：年間1億2000万円の利益

10年以上、注文住宅を販売する会社に勤めていました。朝早くから夜遅くまで働きづめだったことで、「子どもの成長を見逃してしまうのでは？」という恐怖を覚え、起業することを決意しました。しかし、これといったスキルもなかったので、当時少しかじっていた転売ビジネスを本格的に手がけてみることに。すると、起業3か月で110万円の利益、4か月目に230万円の利益を獲得できました。

その経験を活かし、新規事業として、後継者を育成するためのビジネススクールを開講することはできないか？　ということで、船ヶ山先生に相談したところ、スクールを手がけてから3か月で7600万円の利益、半年で1億円を超える利益を確立できました。いまでは世界を飛び回りながら仕入れをおこない、ビジネスの規模を拡大しています。

⑦

震災を乗り越え、趣味をビジネスに変えた熊谷さん

◎お名前：熊谷共笑さん（52歳）

◎起業するまでの職種：石材店（総合受付）

◎現在の事業：スピリチュアルカウンセラー

◎どの程度儲かっているか：月商100万円

東日本大震災がきっかけで、実家が営んでいた石材店のすべてが川に流され、事業が再起不能になってしまいました。

何か新しいビジネスを始めなければ食べていくことができないということで、趣味で少し学んでいたスピリチュアルカウンセリングを本格的におこなうことを決意。しかし、これまでは趣味程度におこなっていたので、どのように集客すればいいのかもわからないし、どのように受注につなげればいいかもわかりませんでした。そんな中、ビジネスをきちんと学ぶために、船ヶ山先生と出会いました。結果、商品づくりと新規客へのアプローチ法を学び、月商100万円を達成するまでになりました。いまでは、積極的にイベントに参加したり、顧客のセッションをおこなうなどして、活躍の幅を広げています。

⑧

3人の小さな子どもを育てながら、4552万円稼ぎ出したスーパーママ阿部さん

◎お名前：阿部ヨーコさん（41歳）

◎起業するまでの職種：3人の子どもを育てる育児ママ

◎現在の事業：ママに特化した起業支援コンサルタント

◎どの程度儲かっているか：3か月で4552万円

長男の出産時に、お金があまりなかったということで苦労をしたことが原動力となり、次男を産む臨月には600万円を稼ぎ、お金に困ることのない産後生活を送ることができました。しかし、これまで大きなお金を稼いだことがなかったので、怖さのあまり数百万円する仏壇などを買ってしまい、また貯金のない生活に逆戻り……。

これでは生活がいつまで経っても安定しないと感じ、船ヶ山先生にビジネスの指導をイチから受けることにしました。

結果、3人の小さな子どもを育てながらもビジネスをして、3か月で4552万円の利益を獲得することに成功。いまでは、お金のゆとりを感じながら、子育てとビジネスをおこなうスーパーママとして活躍できています。

序章

これまでの経験を活かせば「定年前にお金持ち」も夢じゃない

第1章

定年後を意識した体力を消耗しない働き方

第2章

人生の中盤以降を飛躍するためのお金の使い方

第3章 複数収入への最重要課題は「集客」と「セールス」である

第4章

お金を最速で安定軌道に乗せる2ステップ戦略

第5章

あなたの「勝ちパターン」を明確にして、一生安泰の生き方を

最終章

「自動化」を構築して、永遠の資産を築け

ブックデザイン　池上幸一

序章

これまでの経験を活かせば「定年前にお金持ち」も夢じゃない

情報に振り回されず、これまでの自分の経験を武器とせよ

近年、インターネットの普及で、さまざまな情報に気軽にアクセスできる時代になりました。実店舗に通わずとも、世界中の商品をワンクリックで購入できたり、国が違ってもリアルタイムの映像を通じて無料通話できるようにもなりました。

さらに言えば、専門学校やカルチャースクールに通わずとも、インターネットを使うことで、語学やビジネス・起業に関する勉強もできるようになりました。

このように我々のライフスタイルは大きく変化したわけですが、同時に誰もが気軽に情報にアクセスできるようになったことで（誰もが気軽に情報を発信できてしまうことで）、

インターネットを「魔法の杖」だと錯覚してしまう人が出てきました。

とくにアナログ時代に生きた中高年たちは、インターネットを「ただの道具」だと捉えることができず、インターネットさえ使えれば自分も一発逆転のチャンスがあると錯覚し、オンラインスクールなどに参加して、ビジネスを志す傾向にあります。

しかし、その多くが夢を叶えるどころか、失敗して多重債務者に陥ってしまう。

これまでの自分の知識や経験のない分野に対して、足を踏み入れてしまうからです。これでは、だまされるのは当然です。

インターネットはただの便利な道具です。ツールにすぎません。

大切なのは、その便利な道具をどのように使うかということです。そこを間違えなければ、インターネットはあなたの味方となり、強力なアイテムになります。

とはいえ、いままで使ったこともない道具を操り、ビジネスという戦場で勝つということは、かなり困難です。

たとえるなら、いままで一度も使ったことのないスケボーを乗りこなし、ビジネス街をビュンビュン飛ばすようなものです。当然、スケボーを使えば早く会社に着くこともできますし、通勤時間を短縮することもできます。だからといって、いまからあなたが若者に混じりスケボーを練習することもなければ、乗りたいとも思わないはずです。

にもかかわらず、なぜかみんなスケボーを練習するかのように、一生懸命インターネットの勉強をします。

なぜなのか？　それは「**バンドワゴン効果**」が働いてしまうからです。バンドワゴン効果とは、アメリカの経済学者ハーヴェイ・ライベンシュタインが創作した用語であり〝**世間の流行りやまわりの評判を判断材料にしてしまう心理**〟のことを示します。

あなたが50歳だとして、インターネットをイチから使いこなして新規ビジネスを立ち上げる――。簡単ではないことは、すぐに想像できます。

もちろん、それを踏まえて、いまから時間をかけてインターネットを学ぶというのであれば、あなたに膨大な利益をもたらしてくれます。でもそれは、あくまであなたのベースとなるビジネスや経験があってこそのことです。

そこを抜かして考えてしまえば、インターネットは、あなたに牙を剥くことになります。

そうならないためにも、インターネットがあなたの人生を変えると考えるのではなく、

「あなたのこれまでの知識と経験が、あなたを根底から救う」と考えるようにしてください。

50歳から無理してネットを使いこなせるようになる必要はない

その上でインターネットを道具として使えば、爆発的効果を生み出してくれます。

しかし、あなたがやらずとも、道具を使いこなせる若者に任せればいいことです。

なぜなら、その領域にあなたが足を踏み入れてしまえば、稼ぐ前に人生を終えることになるからです。

だから、日進月歩で加速していく現代の技術の進歩を追いかけるのではなく、時代に左右されない、あなただけのビジネスを構築し、未来の礎を確保することが大切なのです。

POINT

これまでの自分の経験をビジネスにするという意識を持つ

会社員時代のリソースを活かせば、リスクなく稼げる

インターネットは道具であり、魔法ではないことがわかったと思います。

いまから自分のビジネスを立ち上げて自由に稼ぐためには、これまで培った経験を踏まえたすべてのリソース（資源）をフル活用することです。

人は誰でも、何年か仕事をしていたら、自分ならではのリソースをひとつやふたつ持っているものです。

ちなみに、リソースという言葉を初めて聞いたという人のために、どんなものがあなたの未来の助けになるのか見ていきます。

あなたにも必ずリソースはある!!

知識	これまで何十年と働いてきた中で吸収したもの
経験	日々の活動を通じて学び、実践してきたおこない
スキル	仕事や趣味を通じて向上してきた取り組み
資格	これまでのおこないを第三者が証明書として発行する証
人脈	あなたが一声かければ無条件で協力してくれる人
資金	世の中に提供した価値を通じて対価交換した結晶体

ここに挙げたのはあくまでリソースの一部ですが、いままであなたが構築してきた証とも呼べるものです。

これらを使えば、あなたの第二の人生を花開かせることは可能です。**いままでの知識と経験を活かしてビジネスをスタートすることもできますし、人脈と資金を使って新たな事業を立ち上げることもできます。**

営業歴30年の人であれば、営業力や人脈というリソースがあるでしょう。ホテルマン歴20年の人であれば、洗練されたおもてなしの技術がリソースになるでしょう。リソースは、あなたにとっての宝であり、可能性の宝庫なのです。

しかし、ビジネスの立ち上げで失敗させてしまう人は、これらのリソースを考えることなく、他人が提唱する儲け話にフラついてしまうわけです。

リソースを使わずして何かを始めるということは、人生ゲームでいう「スタートに戻る」状態になるということです。

これでは成功どころの話ではありません。時間がかかりすぎます。

なぜなら「年齢」というハンデを背負うことになるからです。

あなた自身、日々感じているかもしれませんが、年齢を重ねる度に決断が鈍り、体力は衰えているはずです。

一方、若者は違います。多少失敗してもリカバリーがききやすく、すぐに起き上がることも、次に行くこともできます。

リソースを抜きにして考えてしまえば、若者に負けるのは当然です。

リソースは人によって異なる

さらに、新しい分野で勝負するとなると、若ければ若いほど有利になります。

私の息子でもある長男レムは、今年で10歳になりましたが、趣味の「マインクラフト」というゲームを題材に、パーソナルブログを立ち上げました。しかも全文英語です。

なぜ日本語ではなく英語でつくったのかというと、この10年のほとんどを海外で過ごしているため、英語を使うほうが楽だからです。

これもある意味、彼のリソースのひとつです。

ほかの日本人にはない得意性を活かし、英語で情報を世界中から収集し、世界の教育の中で学んだ情報発信を武器に、これからビジネスを展開できるということです。

とはいえ、いまはまだ10歳なので、ブログも練習の一環です。でも、あと10年もすれば、彼のリソースはさらに強化されるでしょう。

このようにリソースというのは、人により異なります。

いまからあなたが自分のビジネスで一生安泰の人生を手に入れたいと望むのであれば、これまで培ったリソースを上手に活用することです。

そこを抜かして考えれば、新世代に抜かれてしまいます。

生まれたときからスマホがあり、インターネットに当然のようにアクセスする世代には、我々が敵うはずもありません。

なぜなら、デジタルやインターネットは彼らにとってのあたりまえのリソースであり、我々にはない文化でもあるからです。

だからといって完全に我々世代が負けたわけでも、勝ち目がないわけでもありません。

逆の視点から見れば、「時間」が大きな武器になり得ます。

なぜならリソースは、年月を重ねれば重ねるほど、強固なものになるからです。

知識も、経験も、スキルも、資格も、人脈も、資金も……時間をかければかけるほど優位にもなりますし、早く始めれば始めるほど、追いつかれることもありません。

だから、何かを始めて若者に負けたくなければ、リソースを抜きに考えてはいけないのです。そこさえ押さえておけば、あなたは若者に負けることなく、独自の世界を築くことができるのです。

POINT
すでに持っているリソースを洗い出そう

顧客と直接契約を結べ！

このように言ったところで、「やはり自分には何もないので、サラリーマンを続けたほうがいいかも……」と弱腰になってしまう人もいるかもしれません。

これは人間である以上、仕方ありません。

長年培った習慣が変化することを拒み、見えない恐怖がゾンビとなって、あなたに襲いかかります。だから「変わりたい」という気持ちとは裏腹に、心に潜むブレーキがあなたに邪魔を仕掛けるのです。

しかし、いまのまま会社員を続けても幸せになれないのは、あなた自身が一番理解しているはずです。

- **年功序列の廃止**
- **役職定年の導入**
- **あてにならない退職金**
- **先送りにされる年金制度**

これでは、会社を退職したあとに楽しい引退ライフなど、夢のまた夢です。

定年後も足りない年金を補填すべく、行きたくもないバイトに明け暮れ、生活費を稼ぐだけの人生です。そんな生活が定年後も何十年と続くのです。

正直、こんな生活は耐えきれません。

しかし人間は、いつからでも変わることはできますし、未来を選択することもできます。

あなたは、どちらの未来を選びますか?

・お金だけのために雇われ、自由を奪われた悲しい人生
・自分の得意性を活かした、活気ある刺激に満ちた人生

もし、あなたが「後者を選ぶ」と願うなら、将来に対して不満を抱え、愚痴を言い続けても仕方ありません。未来に可能性を見出し、一歩踏み出す勇気を持つことです。

とはいえ、あなたの中に「恐怖」という鬼が住むかぎり、自分の足で立つことはできません。仮に、無理に独立したところで恐怖にあとを追われます。

そこでマイナス感情に支配されないために、理屈で感情を上書きする方法を伝授します。

その方法とは、「このまま会社に居続けるより、自分でやったほうが得だな」と思える視点を持つことです。

あなたが勤める会社の数字を把握しよう

その視点は「**会社の利益を知る**」ことで、持つことができます。

言い換えれば、お金の流れを把握するということ。

ひとつの企画に対し、どのくらいの売上が出て、経費はいくらで——と考えれば、答え（利益）は出ます。

そこからあなたに支払われる報酬は会社によってさまざまですが、儲かっている会社にいれば、相当額の利益を会社はあげていることになります。

その上で、自分がもらっている給料を照らし合わせれば〝自分が会社から受けている評価〟を知ることができます。

あなたが自分の仕事の結果以上に評価されて、給料も大満足であれば、何も言うことはありません。そのままいまの会社に居続けるのもいいでしょう。

しかし、自分の働きに対して、給料が少なすぎるのではないかと思ったならば、独立起業もひとつの選択肢に入れるべきです。

しかも自分でビジネスをおこなえば、会社にかかる間接費用（総務部や管理部にかかっている費用）がなくなるため、大半の利益をそのまま受け取ることができます。

つまり、顧客と直接契約を結び、仕事をすることで、あなたが手にするお金は何倍にも跳ね上がるのです。

そう考えると、いまの仕事に同じ時間をかけるのであれば、顧客と直接取引をしたほうが賢明だということがわかるはずです。

一生安泰で自由な人生の後半を手にするために、自分の足で立ちましょう。

POINT

いまの仕事で、いくらの利益をあげ、いくらの給料をもらっているか再確認する

第1章

定年後を意識した体力を消耗しない働き方

「会社員」「フリーランス」「起業」の大きな違い

起業することと、フリーになることは大きく違います。

そして、起業家とフリーランスはまったく違います。

良い悪いの話ではありませんが、私は一貫して、自由な一生を手にしたいと思うならフリーランスではなく「起業家」になることをおすすめします。

多くの人は、「会社を辞めて独立した」と言いながら、起業家になれていません。

狙う年収も1000万円程度と目標が低く、そのレベルであれば、経費を差し引けば自由どころか金銭的にもキツキツです。

なぜ、このような状況に陥ってしまうのかというと、時間（労働）を対価にするか、それとも価値を生み出し対価に変えるか、というビジネスの根本原理を理解していないからです。

・会社員：時間（労働）を対価に変える↓フリーランス
・起業家：価値を生み出し対価に変える↓オーナー

この違いが最初の段階でわからないと、会社を辞めて独立したところで、下請け仕事をするハメとなります。これがいわゆる「フリーランス」です。

フリーランスの定義は、基本的に来た仕事を請け負っておこなう人たちのこと。もちろん凄腕のフリーランスもいますが、これでは基本的に経費分の上乗せはあっても、派遣社員より立場は下がってしまいます。

安く叩かれ、都合のいいように使われるだけの生活です。

派遣社員のように会社に勤務していれば放っておいても仕事は舞い込みますが、下請けとなれば自ら存在を示さないかぎり忘れられてしまいます。クライアントに媚を売るための営業活動なども、ときには必要になってくるでしょう。

これでは、何のために会社を辞めたのかわかりません。

考え方を変えなさい

これは、あなたが望んでいるスタイルでしょうか？

おそらく違うと思います。

だとしたら、あなたがおこなうべきことは、価値を生み出し、世に貢献することです。

ただ、この「貢献」をたまに勘違いする人がいます。

起業家にとっての貢献とは、価値ある商品・サービスを世にリリースし、経済の循環を起こすことです。

ここを間違えると、貧乏暇ナシとなり、「無料で何でもやってくれる、ただの良い人」になるだけです。

これでは、何のための貢献なのかわかったものではありませんし、それなら個人的に趣味としてやればいいことです。

起業家たるもの、価値を生み出すという視点を持たなければ存在意義がなくなります。

起業という文字を分解すると、「業」を「起」こすと書きます。

・「業」＝価値

・「起」＝生み出す

このように言い換えることができます。

最初にこの部分を間違えて解釈すると、労働ないし時間を対価に変える働き方となり、雇用主にコキ使われるだけの人生となってしまいます。これでは、サラリーマンのときと変わりません。

サラリーマン生活が30年近く続くと、「時間や労力をかけないもの＝サボっている」と脳が認識しがちです。しかしそれは、政府や企業がロボット人間を量産するために仕掛けた罠にすぎません。

学校教育では、授業を時間枠で囲い、授業中は席に座らせるということを徹底させます。これは首輪をつけた犬を調教するようなものです。これでは自由な発想など生まれませんし、時間に拘束された生き方が根付いてしまいます。

起業家になる場合は、この感覚を壊す必要があります。

古い概念を壊し、新しい考え方を脳に上書きしていかなければいけません。でなければ、これまでの悪い習慣（労力をかけない＝サボっている）に戻されてしまうことになります。

POINT

世の中にどんな価値が提供できるかを考える

時間を切り売りする働き方は40代で限界

「なぜ時間を対価に変えてはいけないのか?」と、疑問に感じる人も多いと思います。とくにいまの日本はフリーランスも年々増え続け、5人に1人がフリーランスになっています。そんな現状を見ると、「そういった働き方もありかも」と感じてしまう人も多いかもしれません。

しかし、時間を対価に変える最大のデメリットがひとつあります。それを知らずに、時間を対価に変える働き方を選択すると、自ら首を絞めることにもなりかねません。

フリーランスというと確かに自由なイメージがあるだけでなく、カッコいいと感じる人も多いので、まさかデメリットがあるなどと想像する人は少ないかもしれません。

しかし起業家の観点から見たら、フリーランスをやるぐらいなら、サラリーマンでいたほうがマシなのでは？　と感じるほどです。

なぜなら多くのフリーランスは、サラリーマンと同じ「請負仕事」「作業代行」だからです。ただ、サラリーマンとの大きな違いは、仕事が安定しないということです。

もちろんセンスが良く、気遣いにも長けていれば、人気フリーランサーになることは可能かもしれませんし、実際にすごい人もいます。でも仮に人気になったところで、時間という束縛を解消することはできないのです。

一生、走り続けられますか？

このように言うと、「だったら単価を上げれば？」という意見があるかもしれませんが、時間を対価に変えている限り、限度というものがあります。

5万円、10万円と上げていくことはできたとしても、それを1000万円、1億円と上げていくことはできません。

その点、起業家は違います。自らの意思で価値を創造することができるので、収益を上限知らずに上げていくことができます。

「収益＝単価×販売人数」です。

そのため、価値を生み出したあとは、時間に一切の拘束を受けることなく売上を上げ続けることができます。極論、自分の時間を1秒たりとも使わずに、売上をつくることも可能です。

この観点で見たら、自分の時間を切り売りするフリーランスをやるメリットが見当たりません。フリーランスでいる限り、センスを磨き続けなければならず、老いることすらできません。これは人間でいる限り不可能なことです。誰しも例外なく年は取りますし、老いていくのは仕方のないことです。

フリーランスを選択し、時間を対価にするということは、ゴールのない道を延々に走り続けなくてはいけないということです。

それでも走り続けられる人はいいかもしれません。

しかし、人間は感覚の生き物です。

たとえば「80歳がつくるホームページデザイン」と聞いて、どう感じますか？

おそらく大半の人は、古くて時代に合っていないデザインをイメージするはずです。

このように人は、年齢を聞くことで勝手なイメージを持ってしまうのです。

これは時代の変化を見れば、仕方ないと言えます。

だから、フリーランスとしてがんばるにしても、40代あたりまでが限界です。それ以降は、起業家ないし経営の世界に移行することが大切です。でなければ、安い時給で雑務をこなすだけの人生となります。

そうならないためにも、最初から起業家となり、ビジネスを自らの意思で動かせるスキルと立場を確保しておくことです。それが年齢とは無縁に輝ける秘訣なのです。

POINT
フリーランスではなく起業家になれ

あなたのやることは、手を動かすことではなく、価値を創出することだ

起業家は、価値さえ生み出せば、収益をつくることができます。そこに時間も存在しなければ、労力も存在しません。

一度、価値を生み出してしまえば、何度でも収益を得ることができるのです。

このように言うと、「価値を生み出すまでは、時間も労力もかかりますよね」と言う人がいますが、これも考え方次第です。

アイデアと指示出しさえできれば、自ら苦手な作業をおこなわずとも、価値を生み出すことは可能です。

それを示す例があるので、ご紹介します。

未経験の「お茶」で、私が儲けている理由

私はコンサルタントでありながら、「脳を活性化するお茶」を販売しています。だからといって、実家がお茶屋を経営しているわけでも、茶葉の栽培をおこなっているわけでもありません。人生で、これまでお茶に関わったことは一度もありません。

にもかかわらず、「脳を活性化するお茶」を販売し、しかもバカ売れしています。

このようなことができる理由は、顧客の声を聞き、願望を叶える策として「お茶」という価値を生み出し、販売したからです。

だから、私がお茶を栽培したり、調合するといったことはせずとも、儲けることができているのです。

このお茶は、いまもなお継続的に売れ続けていますが、私は何もしていません。

製造を自らすることも、配送を自らすることも、決済を自らすることもありません。

しかし私の元には、毎月毎月、売上が入り続けているのです。

私がやっていることといえば、オーナーとしてのアイデア出しと指示出しだけです。

だから私は価値を生み出す過程においても、その後のフォローについても、時間や労力をかけるという概念はありません。「顧客にとっての価値とは何か？」を常に考えるだけで、お金を生み出すことができているのです。

この発想を身につけてしまえば、場所に拘束されることもなければ（ちなみに、この原稿はカナダの自宅で書いています）、時間に拘束されることもありません。私がいまこうして原稿を書いている間も、お茶は売れ続け、口座残高は増え続けています。

このように言うと、自慢のようにも感じる人もいるかもしれません。

少しでもそう感じた人は、まだサラリーマン思考が根付いている証拠です。

この話を起業家や経営者に話せば、別に特別なことではなく、むしろ「普通でしょ」となるだけです。

だから、あなたもいまの会社に拘束され、自由を奪われる生活に嫌気がさしているというのであれば、会社を辞めて、時間に拘束されない起業家人生を歩んでください。

そこには、通勤もなければ、何時間働かなくてはいけないという縛りもありません。

- 働く時間
- 働く場所
- 誰と付き合うか
- 何を扱うか

すべてあなたが決めることができます。これが、起業家の働き方です。

POINT

手を動かし続けなければいけない仕事は卒業しよう

時間の自由と10倍の収入を得た、女性エステサロン経営者

ここまで言ってもまだ「お金を得るためには、時間をかけなければいけない」「労働しなければ悪」と思い込んでいる人がいると思うので、もうひとつ事例をお伝えします。

これは **〝時間が生み出す対価〟** と **〝価値が生み出す対価〟** の違いについて比較しながら見られる良い事例です。

その女性Aさんは、自宅でエステサロンを10年間経営し、「時間を対価に変える」ことで報酬を得ていました。

当然、その間は休みなく働き、大好きな海外旅行に行くこともできませんでした。

そんなとき、私と出会いました。


「私、自由が欲しいんです。

エステが大好きでここまでやってきましたが、この10年、大好きな海外旅行に一度も行くことができず、このまま年を取っていくことに不安を感じています。

いまはまだ年齢的にも身体は動きますが、この先10年を考えたら、いまのままのスタイルでエステを続けていていいのかわかりません。

ただ、休みを取ると収入が止まるので、それも怖くて……。

どうしたらいいでしょうか？」


このような悲痛な叫びを胸に押し込め、この10年誰にも相談することができずにがんばってきたと言います。

そこで出した私の答えは、こうです。

「収入を止めずに、むしろ収入を上げながら、自由を得ていただくことは可能です。ただ、いまのままでは無理です。これはご自身が一番よくわかっているとは思います。いまの収入を2倍にするからといって、2倍働くことができますか？

おそらくできないと思います。だとしたら、いまの自分の時間を対価に変えるのではなく、別のかたちで価値を生み出し、時間に左右されない働き方に変えることです。たとえば、いまのエステの技術を教えて対価に変えるとか、チームを編成し、自分は常連客のみ担当して、新規客は教え子に任せるとか、方法はいろいろあります。いまのスタイルを変えることで、自由を得ながら収入を増やすことはできます。そういった方法に興味はありますか？」

施術者としてではなく、スクールの運営側に回った

結果、Aさんはすぐに、自分のエステ技術を教えるスクールを立ち上げ、収入を一気に

3倍に上げることができ、念願の海外旅行にも年に2回は行けるようになりました。
さらにいまでは、教え子に新規客を任せ、新規店舗を次々とオープンさせています。
当然収入も倍々ゲームで増え続け、当時の収入の10倍以上を稼ぎ、新車を購入したり、駐車場が4台もある3階建ての新築を購入するなどして、プライベートもかなり充実されています。

このように、時間を対価にする働き方から、価値を対価に変える働き方に変えることで、収入を一気に伸ばすこともできますし、自由を得ることもできます。

ちなみにAさんは自由な時間ができたことで、ご自身の書籍を出版し、作家としても活躍するようになりました。

POINT
「人に教える」という価値の提供の仕方をしよう

時間が価値を生む仕事は卒業しよう!

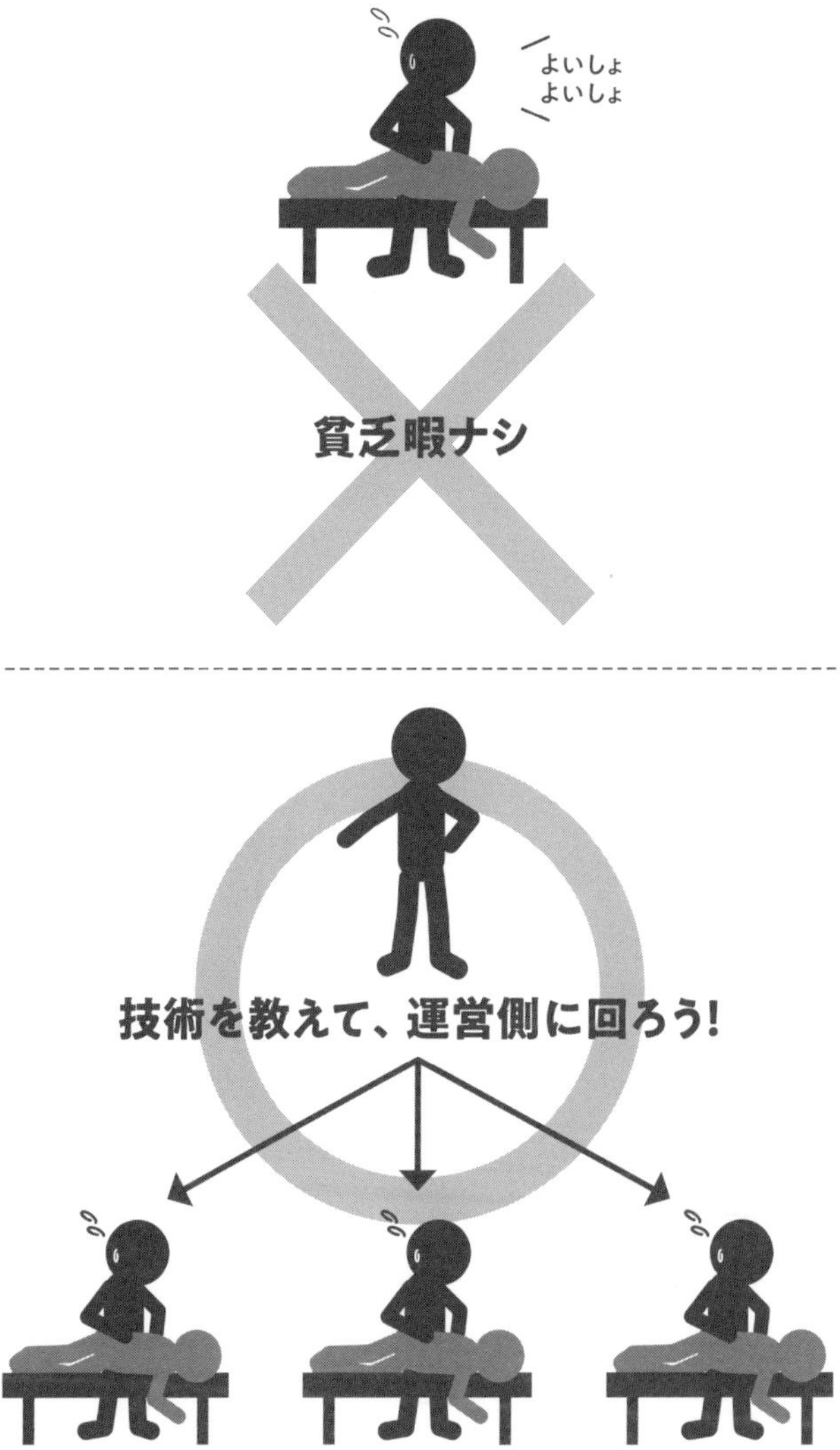
よいしょ
よいしょ
貧乏暇ナシ
技術を教えて、運営側に回ろう!

定年後は、自宅でできるビジネスモデルを採用しろ

人間、誰しも寿命を迎えます。死ぬ間際までピンピンしているとは限りません。施設に入り寝たきり生活を余儀なくされることもあれば、寝たきりにならずとも病院に通い続けるだけの生活を送るかもしれません。重い身体を引っさげ、ヨチヨチ歩き、ようやく病院に到着すれば、長時間硬い椅子で待たされる。そんな生活では、何のために長生きしているのかわかりません。

人生100年時代といわれる現代、我々は寿命を延ばすことはできても、不老不死にな

ることはできません。

当然、そうなれば、老後の働き方もいまから考えておかなければいけません。

なぜなら若いときと違い、肉体は衰え、反射神経も鈍るからです。

一生、肉体を使う仕事や足を使う営業などは、長く続けることはできません。

定年後、無理すれば70歳まで続けることはできても、さすがに80歳、90歳、100歳となれば、精神的にも肉体的にも滅入ります。

これでは年金頼りとなり、不安定な生活に怯えなくてはいけません。

最近では「老後破産」などという言葉もあるほどで、年間200万人が平均的生活もできずに苦しんでいます。

そんな状況の中、寿命だけが延びているのです。これでは、長生きすればするほど家族に迷惑をかけるだけです。

それを避けるためにも、定年後は新たな働き方を選択し、若いときと同じような働き方は選ばないことです。

そのひとつの指標となるのが、**「自宅でできるビジネス」**です。

自宅でできるビジネスを選択することは、いくつものメリットがあります。

自宅ビジネスの3つのメリット

まずひとつは、お金の面です。

定年後、家賃何十万円とする事務所を借りれば、支払うだけでもひと苦労。仮に売上が出なければ、経費を持ち出すことになります。持ち出しで赤字を食らうぐらいなら、やらないほうがマシです。

次に通勤時間です。

この時間は、誰も給与を負担してくれません。

サラリーマンのときには気に留めている人は少ないかもしれませんが、自分でビジネスをする場合、毎日積み上がっていくこの数時間は、大きな損失を生み出します。

1日2時間の往復であっても、1年経てば730時間となり、10年経てば3044日分も、通勤に時間を奪われてしまうことになります。これを金額に換算した場合、軽く見積もって、年収分のお金を失うことになるのです。

次のメリットは、余計な人に会わなくて済むことです。

稼ぎたければ、極力、人に会わないことです。

ビジネスをする上で、もっとも大切なことは「利益」を残すこと。売上を上げても赤字であれば、意味がありません。

「付き合い」と称して飲みに行ったり接待をすることが仕事と誤解している人がいますが、それは昭和の話であって、いまの時代、人情で仕事を取れるほどあまくはありません。

それはスキルのない無能な人がする行為であって、賢いあなたはやってはいけません。

そんなことをしていたら、売上をつくる前に資金ショートするだけです。

POINT

足を使うようなビジネスは、いまのうちにやめておく

第2章

人生の中盤以降を飛躍するためのお金の使い方

事務所や秘書などいらない。さっさと会社を立ち上げろ

「自分のビジネスを立ち上げるなら、事務所を借りるべきなのでは？」という「すべき論」を語る人がいます。そういう人にまず言いたいのは、事務所や秘書なんて考える前に、さっさとビジネスを始めて、会社を立ち上げなさい、ということです。

大切なことは、見栄を張らずに、最速で利益を出すことです。

「個人事業主から始めて……」とぬるいことを言わず、さっさと会社をつくりましょう。

事務所を借りる必要なんかありません。いまの時代、事務所が青山にあろうが銀座にあろうが、そんな理由で契約をくれるバカな顧客はいません。

それは団塊の世代が経済をリードしていたころの話で、事務所の場所など1円の価値にもなりません。

もちろん、あなたが社員を雇用するぐらい規模を拡大するというのであれば話は別ですが（採用には有利なため）、ビジネスを立ち上げる段階で、事務所があることで顧客優位になるかといったら、見当違いも甚《はなは》だしいといったところです。

秘書についても同じです。

あなたが会社をつくることで、「念願の美人秘書と……」などと考えていたのであれば、そんな考えはいますぐ捨ててください。

いまの時代、インターネットがインフラとして普及したことで、オンライン秘書も安く雇用できる時代です。電話応対から資料作成、必要であれば配送業務に至るまで、ありとあらゆるものがオンライン秘書を通じて月々数万円（オプションにより金額は異なる。くわしくは『オンライン秘書』でネット検索してください）で完結させることができます。

そう考えると、コーヒーは自分で入れれば済むことだし、コピーに関しても自分で取れば済む。たまの来客は、化粧をした奥さんが丁寧にお辞儀をすれば、こと足りる。

最初は、これで十分です。

お金には「使わなくていいところ」と「使わなくてはいけないところ」がある

儲ける前から余計なところにお金を使っていたら、ビジネスをスタートさせる前に資金が底をつきます。

サラリーマン生活が長いと、経費を使うことも仕事だったりするので、お金を使わないとダメと思い込んでいる人も多くいます。でも、そういう人は開業後すぐに資金難に陥り、ビジネスが始まってもいないのに資金繰りに奮闘する日々が始まります。

これは、側から見るとギャグ漫画のように見えますが、かたちにこだわってしまう人がよく陥る罠でもあります。

大型のコピー機を偉そうに契約しようとしている自分がいるとしたら、「ちょっと待った！」と言い聞かせ、いますぐ止めてください。

ビジネスの立ち上げ当初は、コピー機などなくとも何の支障もありませんし、必要であれば1万円以下で三役搭載の複合機（コピー、スキャン、印刷）が量販店に売っていますので、それを活用してください。その後、大量印刷の必要性が出てきたら、オンライン印刷を使えば、専門業者が安く印刷してくれます。

最初から大型機械を導入して宝を持ちぐされにするぐらいなら、業務に支障のない範囲でコストを抑え、資金は攻めに投じてください。

ビジネスを成功させる上で、お金は「使わなくていいところ」と「使わなくてはいけないところ」があります。

そこを一緒くたに考えてしまうと、必要ないものを買い揃えるだけで、ビジネスがいつまで経っても稼働しないことになります。

POINT

無駄遣いは一切排除する

どうしても事務所を借りたいなら、レンタルオフィス一択

「事務所は不要」だと言ってきましたが、それでも会社を立ち上げる以上、「事務所は会社の顔なので……」と考える人もいると思います。

そんな人は「レンタルオフィス」を借りてください。

あらためて説明するものでもないかもしれませんが、簡単に解説します。

レンタルオフィスとは、文字通り、オフィスを簡単にレンタルできるサービスです。事務所の中が小分けにされていて、それを数人（数社）で借りることで、個々の負担金額を圧縮し利用できるというものです。そのため、本来なら高額の家賃を支払わないと借りら

れないオフィスも格安で間借りすることができます。

最小単位はデスクひとつから貸し出し可能で、電話もあれば、インターネットも使えます。受付にもしっかり人がいるので、突然の来客があってもあわてることもありません。

会議が必要であれば、共有スペースを使うことでミーティングをすることもできます。

会社の登記もレンタルオフィスの住所でOK

会社の登記先住所として使うこともできますので、念願の銀座や青山などに事務所を格安で構えることができます。月々数万円から借りることは可能です。

ネットで「レンタルオフィス」と検索すればいくらでも出てきますので、ご自身にあったものをいろいろ見てみてください。

POINT
わざわざ事務所を借りる必要はない。レンタルオフィスで十分

自宅のプリンターで印刷したような名刺で、新規客が信頼してくれるなんて思うな

お客様は、無意識に貧乏人を嫌います。

50代で新たにビジネスをしようと思うと、名刺は重要な役割を持ちます。

たとえば、あなたは、これから新しく出会う人を選ぶことができるとします。

それはビジネスパートナーという立場の人かもしれませんし、商品を仕入れる大切な取引先かもしれません。その場合、次のどちらを選ぶでしょうか？

・その分野で常にトップを走り、活躍している権威ある専門家

・価格の安さだけを売りにしている、素人に毛が生えただけの汚いおっさん

おそらく「前者」と答える人が大半です。

でも不思議なことに、実際に何かを購入したり取引相手を探すとなると、価格の安さを重視するあまり、後者を選んでいるケースが多かったりします。

考えてみてください。

価格の安さだけを売りにしている素人に毛が生えただけのおっさんをビジネスに入れて、成功できる確率はあるでしょうか？　おそらく戦う前から負けが見えています。

それなのに安さを重視するあまり、そのようなビジネスパートナーや取引先を選んでしまう人が多いという現状。

これは、あなた自身にも言えるかもしれません。

これまで会社に名刺を持たされ、最低限のスーツを身にまとっていたので気づかなかったかもしれませんが、これからは会社という後ろ盾がない状態で、ビジネスという戦場に向かわなければいけません。

その際、手づくりした竹槍を片手に携え、戦いに行くでしょうか？

もちろん、そんなことはしないはずです。にもかかわらず、ビジネスの世界になると「そんなことはしない」ということを平気でする人がいます。

それが「手づくり名刺」です。

たまに、家で印刷した粗末な名刺を渡す人がいます。これは相手にゴミを渡すようなものです。**これでは最初の時点で心のシャッターが降りてしまいます。**

この手づくり名刺をもらった相手の心を翻訳すると、「**私は数円の名刺代もかけてもらえないほど低く見られている悲惨な人なんだな**」となり、バカにしていると思われても仕方ありません。

「名刺なんて適当でいいでしょ？」という声もよく聞こえますが、いまの時代、ライバルは大砲やロケットランチャーといった最新武器を携えています。

だからこそ、しっかりした名刺を持たなければ、戦う土俵に上がれないのです。片手間感が満載になってしまうし、素人が思いつきで始めた趣味程度のビジネスとも捉えられてしまうことになりかねません。

初対面でもある相手は、あなたのことを何も知らないのです。

その唯一の指標となるのが、名刺というわけです。

もちろん、こまかいことを言うと、身につけている洋服やアクセサリーなども初対面で挨拶する際には影響を与えますが、見た目をきちんと意識している人は、手づくりの名刺など持ち歩きません。名刺は、自分の「分身」であると知っているからです。

名刺は信用。制作はプロに頼もう

だから、あなたが本気で起業を考え、名刺をつくるというのであれば、絶対に名刺はプロの業者に任せること。手づくりはしないことです。これはデザインも含めてです。

いまはインターネットで検索すれば、誰でも簡単にできる名刺テンプレ集などがあるので、おもわず自分でやりたくなります。でも、文字を変えただけでも素人丸出しとなりますので、そこは必要経費として、お金をきちんとかけることです。

デザインは「ランサーズ」などのクラウドソーシングで依頼すれば、綺麗かつ安くデザ

インをしてくれます。印刷についても、インターネットで注文すれば3000円で3000枚というような名刺屋さんもあります。

そういったところに頼むだけで綺麗な名刺を用意してくれます。名刺はあなたの顔であり、分身であることを忘れないことです。

これは補足ですが、名刺の内容が少しでも変わった場合は、古い名刺の在庫がいくら残っていようとも、躊躇なく捨ててください。

たまに「いまの名刺がなくなってから、新しいものをつくればいいや」などと悠長なことを言う人がいますが、ダメです。1枚の名刺が受注を引き寄せてくれることだってあります。古い名刺を使い続けるということは、その可能性を奪うことになるのです。

POINT
名刺はケチるな！　とくに新規客は無意識に貧乏人を嫌う

守りにお金をかけるな、攻めにお金を使え

ビジネスは、どこにお金をかけるかで勝敗が決まります。

大企業のように湯水のごとく使えるお金があれば、多少失敗してもいいかもしれません。ですが定年後を安定させるために、ビジネスに対し退職金を使うというのであれば、慎重にならなければいけません。

ただ、何でもかんでもケチればいいのかといったら、そんなことはありません。攻める部分は大胆に、節約する部分は徹底してケチになることが大切です。

多くの人は積極的に攻めることができず、気づけば戦う前に終わっていたという悲しい結末を迎えることになります。

これでは、定年後、何もせず家でじっとテレビを見ていたほうがお金は残ります。

ただしその場合、増えることもないので、メザシを数本かじるだけの人生です。そうならないためにも、いまある資金を有効的に使わなくてはいけません。

「守りのお金」と「攻めのお金」の違い

では、どのような観点を持って、使う・使わないを決めればいいのか?

これには明確な基準があります。

「守りのお金は節約し、攻めのお金は大胆に」です。

守りのお金、攻めのお金とは、具体的にどのようなものがあるのでしょうか。

次の表で見ていきましょう。

お金には「守り」と「攻め」がある!!

守りのお金（節約すべきもの）	事務所（賃貸料）
	事務機器（コピー機など）
	秘書&事務作業員（雇用人員）
	お金を生み出すことのない無駄なオフィシャルサイト
	会社の登記などにかかる費用（事務諸経費）
攻めのお金（積極的に投資すべきもの）	ビジネスに関する知識
	実績を増やすための活動費
	広告を含めた「集客」に関するものすべて
	リスト（顧客名簿）を集めるためのホームページやチラシ&名刺
	見込み客リストを持っている人との信頼構築にかかるお金

この表にあるとおり、守るべきところはしっかり節約する、攻めるべきところは積極的に投資するというスタンスでいるようにしましょう。

お金の使い道についての基準をしっかりと持っていれば、のちのちお金で苦労することはありません。

では、このあとの項目で「攻めのお金」について、くわしく解説していきます。

POINT

積極的に使うお金と、徹底して節約するお金の基準を持つ

お金を生み出す「攻めのお金」を徹底解説

前項の「守りのお金」に関しては、表を見ただけでわかっていただけると思うので、ここでは「攻めのお金」についてもう少しくわしく解説していきます。

「攻めのお金」の5つの要素

・ビジネスに関する知識

多くの人は会社で業務をこなすことはあっても、ビジネスに関する勉強をしていません。

とくに、お客様を取るまでのマーケティング&セールスに関する知識は乏しく、30年近く営業をやっている人であっても、体系化された成約の取れるセールスを学んでいる人は少ないでしょう。

無知な営業マンは、上司に言われるがまま、嫌われるまで顧客に会いに行ったり、「断られてから営業はスタートする」といった体育会系の単細胞が提唱するノウハウ?(ただの根性論)を信じる傾向にあります。ですが、いまの時代にそんなことをしたら、たとえ営業行為であってもただの迷惑。売れないどころか、通報されるかもしれません。

・実績を増やすための活動費

新規客は、基本的にあなたを疑っています。

これは、あなたがお客様の立場で考えればわかるはずです。

その疑いを信用に変えてくれるのが、「実績」です。

実績なくして商品は売れません。誰だって冒険などしたくありませんし、お金を払ってモルモットになどなりたくないからです。

ただし実績は、何もしなければ手に入ることもなければ増えていくこともありません。意識的かつ積極的に活動して初めて、実績を積み上げていくことができるのです。

・広告を含めた「集客」に関するものすべて

ビジネスを始めると「集客できない」と言う人が非常に多いわけですが、集客とは読んで字のごとく、お客様を集める行為です。しつこいようですが「お客様を集める」のです。ということは、そもそもお客様を集めるだけの名簿なりリストがなければ、集めることはできません。

あたりまえですが、何かイベントを開くときは、登録された名簿に案内を送ることで開催することができます。これがいわゆる集客です。

結婚式もそうです。駅前でチラシを配り、知らない人を呼び込むことはしません。スマホの中にある友だちリストに案内を送ることで、結婚式を開催することができます。

ということは、集客を叶えるためにまずやるべきことは、広告やツールを使い、名簿となる「見込み客リストを集めてくる」ことです。それがなければ、そもそも集客はできないということです。

・リスト（顧客名簿）を集めるためのホームページやチラシ&名刺

見込み客リストを集める上でひと役買ってくれるのが、リストを集めるためのホームページであったり、チラシになります。そこには当然、名刺も含まれ、見込み客リストを集める上で効果を発揮してくれます。

ただ、この名刺もやみくもに配っても意味はなく、顧客対象となる見込み客に配らなければ無駄にすることになります。

そこに書かれる内容と、誰に渡すかが成否を分けることになります。

・見込み客リストを持っている人との信頼構築にかかるお金

ビジネスは、商品が良いから売れるのではありません。

答えはシンプルです。

見込み客（顧客）リストが抱える願望や悩みを解消する策を提示すれば、商品は簡単に売れます。

これからビジネスを始める人は、この見込み客となるリストを持っていないので、ビジネスを立ち上げることができません。

しかし逆を言うと、信頼ある見込み客リストを持っている人に応援してもらうことができれば、一気に顧客を味方につけ、商品を売りさばくことができます。

それが、見込み客リストの威力です。

もし、いまの段階で見込み客リストを持っていないというのであれば、まずあなたがすべきことは、そのお宝とも呼べるリストを使わせてもらうために、ありとあらゆる手段を講じ、広告費を上回るおもてなしを見込み客リスト保有者に対しておこなうことです。

食事をご馳走するのでも、その人が販売している商品を購入するのでもかまいません。

ここにお金の糸目はつけてはいけません。

その応援者に一度紹介してもらうことができれば瞬時に売上が上がることを考えると、最高の費用対効果となります。

このように「攻め」には、いくつかのパターンがありますが、ここに共通していることは、攻めにお金をケチってしまったら、ビジネスは立ち上がらないということです。

どんなにカッコいい事務所をつくろうが、最高の商品を扱おうが、「攻め」を怠れば、あなたは存在していないことになります。

これではビジネスを成功させるどころか、売上すら上げることができません。

その罠にハマらないためにも、攻めることに関してはお金をケチらず、大胆に使ってください。この考え方を忘れなければ、あなたはお金を回す（稼ぐ）ことができるようになります。

POINT

攻めは大胆にいこう

第3章

複数収入への最重要課題は「集客」と「セールス」である

10億円までのビジネスは、集客とセールスだけ

これまで何十年と会社に勤務していると、集客は会社がしてくれるし、部下の面倒さえ見ていれば売上は勝手に上がっていたので、自分の仕事はマネージメントだけだと思ってきた人も多いかもしれません。

しかし、あなたが自分でビジネスをする場合、いままでの常識は通用しません。市場に対し自らがアプローチしない限り、あなたの存在はないに等しいからです。

それを避けるために、あなたがまずやるべきことは「集客」と「セールス」です。

それ以外ははっきり言って、とりあえず重要度は低いと考えてください。

いまの時点でやる必要もありません。

ビジネスは受注があってから初めてスタートするものであって、受注していないものに対して時間を使うのはナンセンスです。

「受注を取るために提案資料を作成するのは当然だ」と言う人がいます。正直、提案資料などなくとも、あなたには立派な「口」という武器がついていますし、成約するかどうかもわからない資料をつくれば、時間を無駄にするどころか、見当違いなものを提案してしまう可能性もあります。

だから、提案書などつくって〝仕事をした気〟になる暇があるのなら、見込み客のことを徹底的にリサーチしてください。

なぜなら、あなたがこれから販売する商品は、これまで会社で何十年と扱ってきた愛着あるものではなく、心機一転、自分の商品だからです。

これからは、商品のことだけを学ぶだけでは不十分です。

では何を学べばいいのでしょうか？

顧客の願望や悩み、フラストレーションを学ぶ必要があるのです。

顧客は何を目的として商品を買い、商品に何を望んでいるのか？　そして、その商品を手にすることで叶ったもの、叶わなかったものすべてを知らなくてはいけません。

ライバルに関しても、しっかりと勉強することです。

いまライバルはどのような商品を扱い、何が売れていて、何が売れていないのかを調べる必要があるのです。

こういったことは会社員としてずっとやってきた人には、なかなか見えにくいことです。

これから自分のビジネスを立ち上げ、利益を得ていこうと考えた場合、自分が先頭に立ち市場を徹底的に調べ尽くす必要があります。

そこであなた独自の勝ちパターンを確立することができたら、ようやく提案資料をつくることもできますし、またあなたがセールスを直接せずとも、他人に任せることもできるようになります。

ここまでくれば、ビジネスを安定軌道に乗せることもできます。

逆に言えば、そこまでは自分がやるしかないのです。

まずはとにかく「集客」と「セールス」を軌道に乗せる

ビジネスの世界で言われていることがあります。

ビジネスを遂行する基準のようなものです。

「10億円までのビジネスは、集客とセールスのみ」

「10億円を超えたら、マネージメントに移行する」

ビジネスで成功を勝ち取りたければ、この基準を指標にすることです。

この2つの基準がビジネスの要となり、やるべきことを決めてくれるからです。

ここを無視すると、無駄が生まれます。

ブランドができてもいない段階でマネージメントを重視してみたり、勝ちパターンができていない段階で営業マンを大量採用しても、売上が上がるどころか給料泥棒を生み出すだけです。

これは売上をつくれない本人がいけないということではなく、社内に勝ちパターンがない状態で人材採用したことが問題なのです。誰だって、かたちないものを「やれ」と言われても、何をどうやればいいのかわかりません。これでは人を採用しても育たないのはあたりまえで、結果、個々の能力に頼らざるを得ないという状況が生まれます。

だから多くの会社は、「即戦力」という言葉をもっともらしく評価し、正当化してしまうのです。

あなたが会社をつくる際には、このように表面的に取り繕うことはしてはいけません。無理に遂行しても無駄を生み出すだけですし、不要なコストが増えるだけです。

ここで意識しなければいけないことは、10億円までは集客とセールスを徹底することと、早い段階で勝ちパターンを構築することです。

それさえできてしまえば、安定軌道に乗ります。人を採用してビジネスを任せることもできるようにもなるのです。

POINT

「集客」と「セールス」から目を背けない

最初は商品をつくるな！出来物を扱え！

次に、商品に関してです。

いきなり商品をつくろうとしてはいけません。まだ実績も資金もない人が自社商品をつくったところで、粗末なものができあがるだけです。ビジネスはおままごとではありません。対価を受け取る以上、最低限の品質と価値がなければ商品としては成立しません。

ということは、これから独立を検討している人がまずやるべきことは、商品づくりではないということです。

あなたがつくらずとも、世の中にいい商品はたくさんありますし、昔と違って大概の商品を扱うことができます。なぜなら、ものが売れない時代に突入したことで、どのメーカーも、ひとつでも商品が売れればいいという考えにシフトしたからです。

だから、あなたが無理して自社商品をつくらずとも、すでに実績ある安定した商品を代理店として扱うことで、時間を短縮してビジネスをスタートさせることができるのです。

顧客が何を求めているかをひたすら考える

その際、ひとつだけ注意しなければいけないことがあります。

それは、商品ベースで考えるのではなく、顧客ベース（見込み客リスト）で、扱う商品を決めることです。ここを、多くの人は見逃します。

良質な商品を扱っても売れない人は「品質」や「クオリティ」や「製作者」や「販売実績」などで商品選定をする傾向にあります。しかしそれは、その会社の販売実績であって、あなた自身の販売実績ではありません。

それに、彼らと同じ顧客リストを持っているわけでも、信頼関係が構築されているわけでもないのです。

そもそもリソース自体が違います。ということは、同じ商品を扱ったとしても、同じ結果を生むとは限らないのです。大切なのは商品そのものではなく、アプローチ可能なリストをベースに考えることです。

このことをもう少しイメージしていただくために、ひとつの事例をお話しします。

ある日、クライアントのBさんから相談を受けました。

Bさんは美容サロンを経営している方なのですが、素晴らしい商品（補正下着）に出合ったので、取り扱うかどうかを検討しているということでした。

当時の彼女は、このように言っていました。

「アメリカでは非常に人気で、販売実績もあり、私自身も愛用しましたが最高の商品です。ただ、ひとつネックなのが、ネットワークビジネスの商品なのです」

そこで私は、このように答えました。

「そもそも顧客は、その商品を見てもネットワークビジネスの商品だということはわかりません。それは加盟している人の都合であって、商品を愛用する顧客には関係ないことです。

それ以上に大切なことは、いまのエステの顧客に対して、目を見て堂々と販売できる商品であるかということです。それができるならば、取り扱ってください。

もしそこで躊躇が生まれたり、少しでも嫌だなと感じるようであれば、どれだけ販売実績があり、儲かる商品だと仮に思ったとしても、絶対に取り扱わないことです。既存顧客が離れます。

ビジネスは信頼です。その信頼を裏切る行為をすれば、ビジネスは終わります。

しかし顧客にとって、さらなる願望を満たすものであったり、悩みを解消する商品であれば信頼の積み上げになります。

その観点で見た場合、いかがですか？　顧客にとって、喜ばしい商品ですか？」

すると、Bさんは次のように答えました。

「確かに、顧客にはネットワークビジネスの商品であるかどうかは関係ないことですね。この商品は、私が抱えるお客さんにもマッチしますし、彼女たちの願望も満たしてくれます。ありがとうございます。決心できました。私、この商品を扱います」

Bさんはすぐにこの会社が取り扱う補正下着を扱い販売したところ、想像以上に売れ、翌月には、その会社が発行するタイトルを取得するまでになりました。

このように、自分がアプローチできる顧客をベースに考えれば、ブレーキを抱えることなく堂々と販売することができます。売上を上げるのは簡単なのです。

POINT

商品をベースに考えるのではなく、顧客をベースに考える

これまで集めた名刺をバカにしない

Bさんの事例のように、すでに顧客がいる場合は、顧客にマッチした商品を持ってくれば、すぐに売上につながるということはわかったと思います。

しかし、これまで30年近くサラリーマンをしてきた人からしたら、「私の場合、どうすればいいの?」と疑問を感じる人も多いと思います。

そんな人のために、顧客名簿がない人は、どのような視点を持てばビジネスができるのかについてお話ししていきます。

そこで出てくるのが、これまで**サラリーマン人生の中で積み上げてきた「名刺」**です。

この名刺が、あなたにキャッシュと自由をもたらしてくれます。

本業以外から思わぬ引き合いが来ることだってありえる

イメージしていただくために、男性Cさんの事例をお話ししていきます。

Cさんはサラリーマンを30年近くやってきたので、自分には独立してからアプローチできるリストが1件もないと思い込んでいました。

そこで、最初は仕方なくファックスDMなどで新規顧客開拓を試みました。

でも一向に望む反応が得られなかったので、私のところにアドバイスを求めてきました。

そこで私は、Cさんの状況とリソースを踏まえた上で、いままで集めてきた名刺にアプローチするように指示を出しました。

すると意外や意外、顧客からの反応はよく、話を聞いてもらうことができたのです。

さらにおもしろかったのが、自分が売り込んでいた商品とは別のサービスが売れる……

というような事態が起き始めたことです。

Cさんが最初に売り込んでいた商品は、マーケティングとセールスを指導するコンサルティングサービスでした。

でも、会社員時代の名刺をもとに何人かにアプローチをかけていくと、メインコンテンツであるコンサルティングサービスには反応せず、「経験豊富なCさんに、うちの社員を教育してほしい」という要望がお客様から出て、なんと社員研修を受注してしまったのです。

この受注には、Cさんも驚きました。

なぜなら、Cさんはビジネスマナーも名刺の渡し方も教えたことがなかったからです。

そこであわてたCさんは、本番までに一生懸命に勉強し、当日を迎えることにしました。

すると、研修が終わると同時に、さらにおもしろい現象がCさんに舞い込みました。

それは、「グループ指導」の依頼です。

気をよくしたクライアントの社長さんは、「今度は全体の社員研修ではなく数人のグループをつくるので、より具体的な個別指導にあたってほしい」と言い出したのです。

当然、Cさんはグループ指導などやったこともありませんが、相手が満足して望んでくれているならということで、次なる受注を引き受けてきてしまったのです。

この事例のように、「自分には何もない」と思っていた人でも、これまで集めてきた名刺にアプローチするだけで、思わぬ受注を勝ち得ることができるかもしれないのです。

ですので、あなたも「自分には何もない」などと言っていないで、これまでの名刺をすべてひっくり返し、1件ずつアプローチしてみることをおすすめします。

ちなみにこの話にはまだ続きがあります。

Cさんがほかの名刺にも社員研修をご案内したところ、数件から引き合いがあり、受注につなげることができたと嬉しい報告を受けることができたのです。

いまではCさんは、1人で社員研修&個別指導というビジネスをされています。年商3000万円を稼ぐまでになりました。

POINT

サラリーマン時代の名刺には、チャンスがたくさん

「パソコンの保守」で細々と食っていた男が、連日満員のセミナーを開催するようになった理由

さらに、もうひとつ事例をお話しします。

Dさんはサラリーマン時代、パソコンのエンジニアをしている方でした。

不景気の煽りを受けて、会社を突如クビになってしまいました。あまりに急な出来事で、次に行くあてもなければ貯金もありません。

そこで仕方なく、これまで名刺交換していた企業に1件ずつ訪問し、自分にもできる仕事はないかとお願いしてみることにしました。

すると、その中の何件かが、「パソコンの保守管理であれば、頼めますよ」ということ

で、快く仕事をくれました。

しかし、パソコンの保守管理だけでは生活するのがやっとです。そこで、この状況からどうにか挽回することはできないかということで、私のところに相談に来られました。

私からのアドバイスは、ひとつです。

「これまでの顧客のパソコンで、もっとも多く発生している問題や障害をピックアップし、それを改善することをメインテーマに掲げてください」と伝えました。

具体的には、いまの業務の中で発生しているもっとも多い障害を調べてもらい、それを直したり改善したりする仕事を事業化してしまうという試みです。

ちなみに、このときパソコン界隈でよく起きていたのは、Windows10のアップデートによる、データ破損および写真などの各種データが消えてしまうという障害でした。

これは企業であれ個人であれ、死活問題です。それが年2回も、アップデートのたびに起きていたのです。

しかし、Dさんの業務はあくまでパソコンの保守作業です。障害が起きて面倒になるぐらいなら、データ破損が起きないようにと、これまでは「無料」でアップデート作業をおこなってあげてしまっていたのです。

当然、サポートを受けている会社からしたら、そんなことは知りません。パソコンの保守業務をお願いしていても、「何も障害が起きないのであれば、別にもうお願いする必要もないかなあ」と思われてしまいます。

これでは、本末転倒です。顧客のためによかれと思ってやっていたことが、感謝されるどころか仕事を打ち止めされるハメに……。

あなたにもアプローチ先は絶対にある

そこで顧客に対し、Ｗｉｎｄｏｗｓ10のアップデートによるデータ破損が起きる危険性を事前にきちんと伝えると共に、対応策の必要性を問うことにしたのです。

すると、当然のことながら企業も大惨事に備え、「対応策を講じてほしい」と願ってくるようになったのです。結果、契約の打ち止めの話などどこかに消え、Ｄさんはデータ破損を救う救世主になることができました。

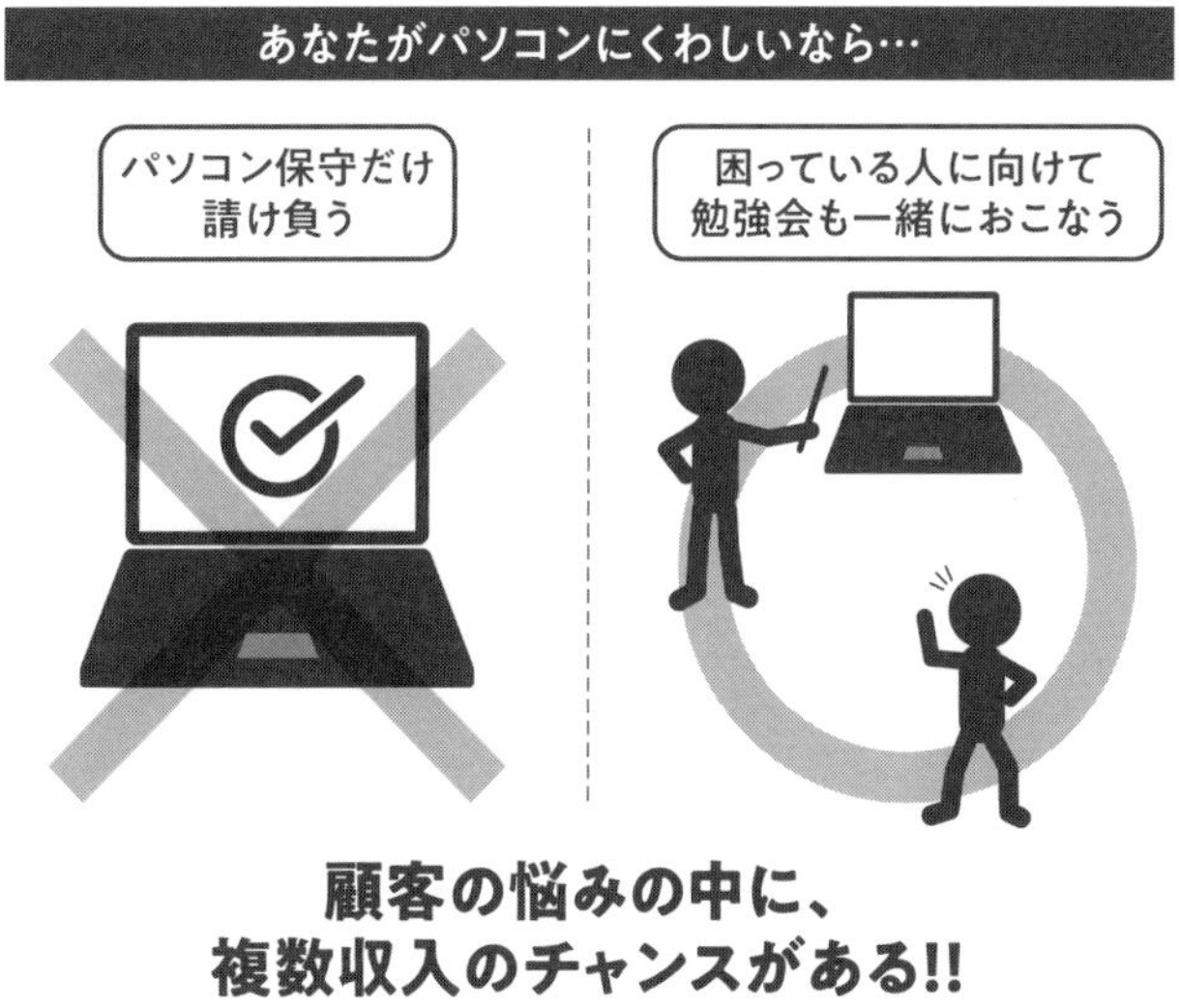
あなたがパソコンにくわしいなら…
パソコン保守だけ請け負う
困っている人に向けて勉強会も一緒におこなう
顧客の悩みの中に、複数収入のチャンスがある!!

この話はこれで終わりではありません。

その報告を聞いた私は、次なる指示を出しました。

「同じような障害を受けて困っている人がいるのであれば、それを世に伝えないのは罪です。いますぐ勉強会を企画し、Windows10がアップデートされる前に緊急セミナーを開催してください」

すると、Dさんが抱えていた顧客の1人が司法書士会などに声をかけ、支部ごとに人を集め、連日連夜セミナーを開催する大盛況となったのです。

結果、Dさんは引っ張りだことなり、新規顧客を一気に増やすことに成功しました。

このように、サラリーマン時代は営業職ではなかった人であっても、これまで集めてきた名刺を大切にし、1件ずつ真摯に向き合いアプローチすることができれば、思わぬ展開となり、ビジネスを生み出すきっかけとなります。

「自分にはアプローチする先がない」などと嘆いている暇があるのであれば、手元にある名刺から声をかけてみることです。

そうすれば、その名刺が新たな未来を築き、自由と可能性を引き寄せてくれます。

それが、これまで構築してきた経験と人脈、つまりあなたのリソースの威力です。

POINT

顧客がいま抱えている問題をビジネスにする

最強のセールス手法は「体験談を楽しそうに語る」こと

ここまでのことで「名刺はお金になる」ということは理解できたと思いますが、肝心なセールスができなければ、受注を得ることもお金にすることもできません。

そこで、この章の最後は、ビジネス初心者でも簡単に受注できる「最強セールス」についてお話しししていきます。

ちなみに、このセールス法は業種業態に左右されず、誰にでも簡単に使える方法でもあります。まだ会社に勤めているという方は、いまの会社で試してみてください。

すでに辞めて独立してしまったという方は、これから手がける商品で試してください。

その方法とは、「自身の体験談を楽しそうに語る」というものです。

体験談を語るだけなら、テクニックはいらない

体験談ほど強烈で信頼できるものはありません。

なぜなら、その人自身が実証し、喜びとして商品の良さを語ることになるからです。

だから「お客様の声」はセールスアイテムとして、よく愛用されるわけです。ただ、お客様の声の弱いところは、熱量を実際の声として伝えることができないことです。

さらに言えば、お客様の声を紙やホームページで伝える場合、本人が実在するかもわからなければ、捏造された可能性もあります。

これでは、お客様の声が効果を発揮することはなく、むしろマイナスに働くケースもあります。

その点、セールスする本人がお客様の声として実体験を話せば、その場の熱量を伝えることもできますし、心に響いた箇所や印象に残った場所を克明に語ることができるので、

真実味を持って伝えることが可能だということです。

自分自身が語るお客様の声というのは、テクニックなしに使える最強セールスなのです。

ひとつの事例をお話しします。

私は「脳を活性化するお茶」の販売も手がけているとお伝えしました。

しかしこのお茶、元々は販売する気でつくったものではありません。

単に自分が「脳を活性化するために何か良いものはないかなあ？」と探していたときに偶然見つけたもので、販売することなど1ミリも考えてもいませんでした。

そんな中、私がそのお茶を飲むことでの体験を「奇跡」として話していたら、まわりのクライアントが、次々と「飲みたい」と言い出すようになったのです。

そこで気をよくした私は、商品化の可能性を探るべく、今度は意識して体験談を話してみることにしました。

すると、いままで以上に「このお茶を飲んでみたい」と言い出す人が増えたのです。

その光景を見た私は、確信と可能性を感じ、急いで商品化することを決めました。

結果、テスト販売用につくった1000個のロットは2日で完売し、いまもなお愛用者が飲み続けてくれています。とくに私が何かをしているということはありませんが、安定的に毎月売れ続けています。

このようにセールスとは難しく考えずとも、自分の体験談を話し、喜びを言葉として伝えることができればうまくいきます。あとは反応率で、成約は決まるということです。

もし、そこで1件も売れないようであれば、顧客対象を間違えているか、もしくは、あなたの熱量が十分対象者に届いていない可能性があるということです。

POINT

実際に体験して、感想を熱量を込めて伝えるだけで売れる

第4章

お金を最速で安定軌道に乗せる2ステップ戦略

ビジネスの立ち上げは2ステップで考えろ

ここからは、より具体的なステップに入っていきます。

ビジネスを立ち上げる際に意識しなければいけないことは「段階を踏む」ことです。

言い換えれば、2つのステップで行動することで、ビジネスの立ち上げは加速し、安定させることができます。

- **ステップ1：ゼロイチを早い段階で叶える**
- **ステップ2：立ち上がったイチを拡張する**

この2つのステップを踏むことで、ビジネスを確かなものにしてくれます。

しかし多くの人は、このようなステップを考えることなく、いきなりドカンとビジネスを立ち上げることを考えてしまいます。

資金力のある大企業であれば多少コケても痛手は少ないかもしれませんが、我々のような小さな会社だったり、これからビジネスを始める人にとっては、そんな大花火を打ち上げるような戦法は、とても真似することはできません。

では、どうしたらビジネスをギャンブルにすることなく、安全かつ確実に立ち上げることができるのか。それが「2ステップ戦略」です。くわしく見ていきます。

すべてのビジネスはこの2ステップで進め

・ステップ1：ゼロイチを早い段階で叶える

ビジネスでもっとも難しいと言われているのが、ゼロイチです。

要は、1人目のお客様であったり、1円を稼ぐことを意味します。

「1円なんて、バカでも稼げる」と言う人がたまにいますが、この金額を1万円にした場合でも、同じことが言えるでしょうか？

1円や100円ぐらいまでならば情けでくれる人もいるかもしれませんが、1000円を超えると情けでくれるのは家族ぐらいです。友人ですら1000円を何の理由もなしにくれることはありません。

ましてや、その金額が1万円ともなれば、かなり厳しいことは容易に想像できます。

ただビジネスの観点から見たら、1円も1万円も、もっと言うと100万円も同じです。

そこに、お金を交換するだけの「価値」があるかどうかで判断されます。

たとえるなら、棚にいくつかの商品が置かれていて、それぞれの商品が値付けされている状態のようなものです。

1000円のものもあれば5000円のものもあり、1万円のものもある。

これらは機能や品質は多少違えど、10倍の価格差があるからといって、売るのも10倍大変になるかと言えば、そんなことはありません。店員さんの手間は同じです。

「顧客対応をし、必要とあらば商品説明をする」

「お客様が商品を気に入れば、レジで精算する」

これだけです。別に特別なことではありませんし、難しくもありません。

お店の店員さんは凄腕営業マンばかりではなく、むしろバイトが対応しています。それでも商品が売れるのは、そこにお金を払うだけの価値が存在しているからです。

それをあなたも同じように扱い、顧客に届けるだけです。

これで、最初のステップのゼロイチは完成します。

・ステップ2：立ち上がったイチを拡張する

次に、その立ち上がったゼロイチをより確実なものにし、広げていく作業がステップ2になります。

先ほどのゼロイチと違って、やることは「再現」です。ゼロイチを達成したときのことを思い出し、いかに同じことができるかで成否は分かれます。

ゼロイチのときは、何ひとつかたちが決まっていないので、やれることは何でもやるイメージでした。

仮に初受注が取れたとしても、なぜ売れたのか理解できない人がほとんどです。

そのため、ひとつ売ることはできても、その次に続かないという人が出てきてしまうわけです。大切なのは、ゼロイチを無視して新しいことをするのではなく、ゼロイチを詳細に思い出し、徹底して再現することです。

- **どのリストに対してアプローチしたのか？（紹介なのか？　名刺なのか？）**
- **紹介だとしたら、誰からだったか？**
- **会話で最初に切り出した話題は？**
- **どのような切り口で話を進め、商品につなげたのか？**
- **お客様が反応していた言葉（キーワード）は？**
- **お客様が契約前に不安に感じていたことは何か？**

このようなことをひとつずつ思い出し、ブロックを積み上げるかのごとく、ゼロイチを再現していくのです。

これが結果、自分の勝ちパターンとなり、セールスマニュアルとなります。

うまくいった「ゼロイチ」を再現するだけ!

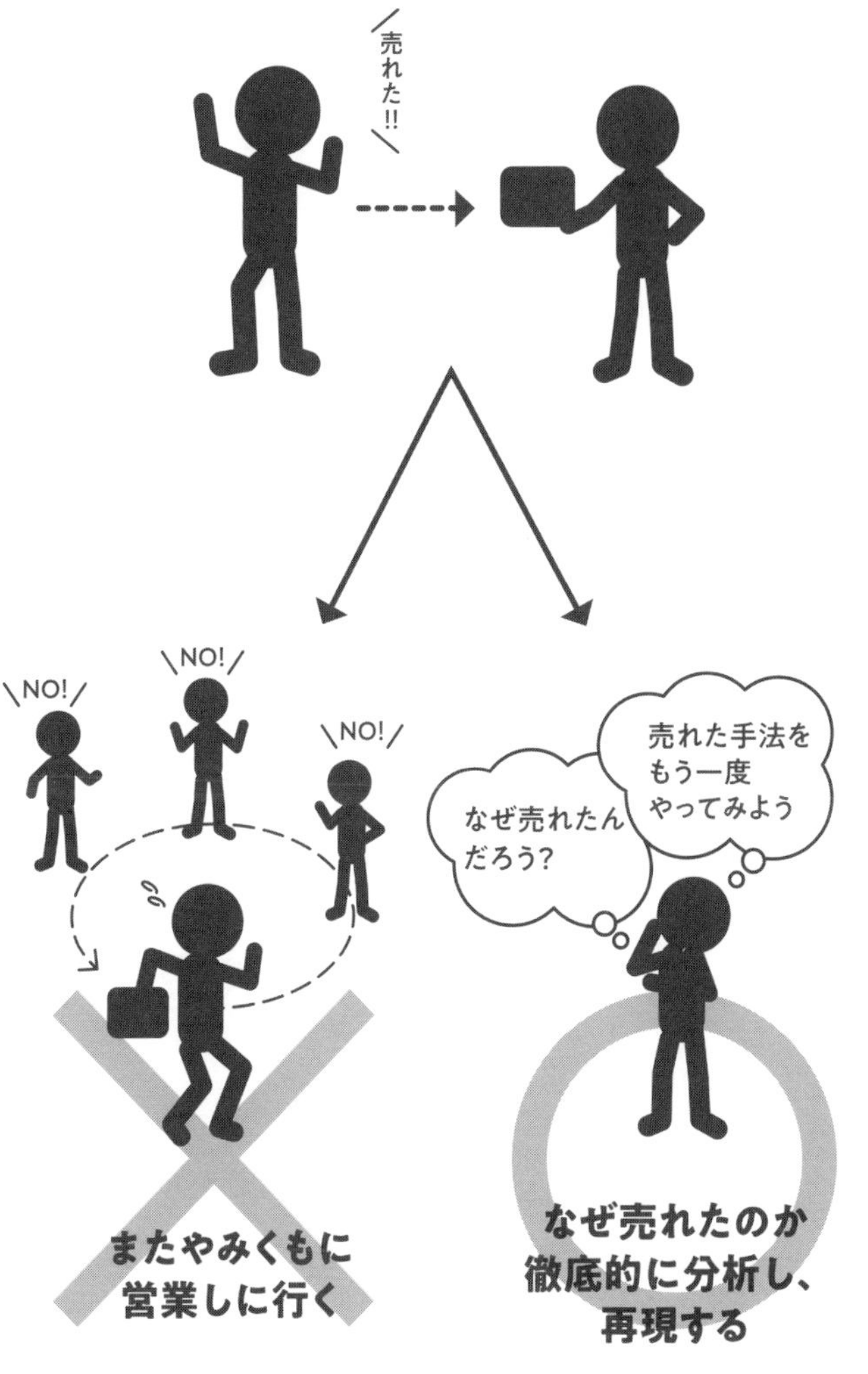

なぜなら、1人に売れたということは、似たような考えの人が、その後ろにはごまんといるからです。

最初は「1」という小さな数字であっても、その後ろに潜む可能性を考えたら、とてつもなく光り輝く数字だということに気づくはずです。

これはダイヤの鉱石を山の中から探すようなものです。ひとつ見つかれば、ほかにも見つかる可能性があります。しかし、その場にひとつもなければ、そのまま掘削作業を続けても可能性はありません。それと同じです。

だから、ゼロイチを達成したということは、そこにはダイヤモンドがほかにも無数にあるという証明でもあるのです。

POINT

「ゼロイチ→再現」の繰り返し

カッコつけずに、最初はお金にこだわれ

ビジネスが成功する人としない人には、明確な違いがあります。

この違いは、年齢が上がれば上がるほどハマる罠のひとつでもあります。

中高年になると、大概の会社では役職を社員に付与することになるので、人によっては、40歳を超えると課長となり、50歳を超えると部長になります。

もちろん、そのまま定年まで会社に勤務し、引退するということであれば、役職はさまざまな恩恵をもたらしてくれます。ですが、あなたが第二の人生として起業を試みる場合、この役職が大きな足枷になりかねません。

というのも、人間は一度上がったステータスを下げることができず、見栄が邪魔を仕掛けるからです。それが、会社の役職にも起こり得るのです。

イメージしていただくために、例を通しながらお話ししていきます。

ここにある男性がいます。

これまで30年会社に勤務し、同僚とせめぎ合う出世レースの中、「部長」という肩書きを得ることができました。

しかし、55歳を過ぎる頃「役職定年」を会社から言い渡され、嘱託契約に。

給料は当時の3割カット。これでは、いままでの生活を保つことができません。

月末になれば住宅ローンに子どもの学費など、支払いだけが否応なしに押し寄せます。

自分としては一生懸命に会社にも貢献してきたつもりなので、この人事には納得がいかず、会社を辞めて起業を考えることにしました。

これまで多少なりとも営業経験もあったので、起業も難なくクリアできると思っていたわけですが、これまで「部長」という肩書きにあぐらをかいていた彼には、ゼロからスタートすることの意味があまりわかっていませんでした。

なぜなら、いままでの会社では立場上、すべての仕事を部下に任せていたので、最後の挨拶で自分が出向けば、商談は成立していたからです。

営業など楽勝だと思っていました。しかし、現実はあまくはありません。

実際に肩書きと部下をなくした彼が営業に行けば、舌打ちとともに塩は撒かれるし、罵倒されることもしばしば。これでは、サラリーマンを続けたほうがよかったのでは、と疑問に感じるほどでした……。

多少の覚悟は、やはり必要

これは私が考えたフィクションですが、じつはよくある話です。だから多くの人は、自分のビジネスを立ち上げるのが難しいと感じ、チャレンジすることから背を向けてしまうのです。

あなたもチャレンジしようとするならば、多少なりとも覚悟する必要はあります。

起業するということは、これまでの役職は効力を失い、丸裸になることを意味します。

当然、最初の数か月は地べたを這うような経験も必要ですし、このまま本当にやっていけるのか？　という恐怖にも襲われます。

そんな中、最初の顧客を受注に変え、人生をV字回復させなければいけないのです。

いままでのようにカッコつけたい気持ちはわかりますが、最初のうちはぐっと我慢し、ゼロイチ、つまりファーストキャッシュを得ることに集中する必要があります。

でなければ、あなたの起業というチャレンジは夢に終わります。

きれいごとなど不要です。ダサいと思われても、カッコ悪くとも、受注を勝ち取った人がビジネスの世界では「正義」です。

だから、あなたが人生を本気で変えたいと望むのであれば、最初の数か月は、こらえる時期です。そこさえ乗り越えることができれば、サラリーマンのときとは比べものにならない収入が、あなたの生活を支え、家族を守ってくれます。

・念願だった海外生活を家族で叶え
・日本では考えることのできない大きな家に住み
・子どもたちは海外の学校で世界最先端の教育を受け
・海外旅行に行けば、5つ星ホテルのスイートに連泊し
・たまの休みは世界の人たちと触れ合い、お互いの文化を語り合う

こういった生活を手にすることができるのです。

ちなみに、ここに書いたことは、すべて私が叶えた生活そのものですが、もちろん私自身も最初の数か月は先の見えない生活を送っていました。

しかし、そこであきらめることなくファーストキャッシュにこだわることができたからこそ、いまの自分がいるのです。

POINT

何がなんでも、ファーストキャッシュに集中せよ

3つも売れれば、ポジションは決まる

「ターゲットを決めろ」「ポジショニングが大切だ」など、よく聞く言葉です。

しかし、あなたが1日も早くビジネスを成功させ、自由なライフスタイルを送りたいと望むなら、三流コンサルタントが提唱する嘘にはだまされてはいけません。

「ターゲットを決めないでビジネスを仕掛けるのは無理でしょ？」と言う人がいます。

そんな人に言っておきます。脳みそ、入っていますか？

あなたが利口な人間で、無駄を省きたいと願うのなら、あせらないことです。

なぜなら、ターゲットやポジショニングというのは、自分で決めるものではなく、顧客

に決めてもらうものだからです。ここに成功を加速させるヒントが隠されています。

それを示すために、事例をお話しします。

つい先日、私のところに来たクライアントEさんのお話です。

Eさんは、占いをご自身でおこなう傍ら、そのやり方を教える講座の主宰もしていました。これまで獲得した顧客は3人です。いずれも中年の女性で、今後の人生を模索している人が顧客になっていました。

にもかかわらず、Eさんが相談してきた内容は次の通りでした。

「最近は、起業する男性が多いように感じます。そこで私の占いも起業する男性を顧客対象にしようと思いますが、いかがですか？」

いわゆるターゲットを「起業家の男性」に変えようというのです。これが罠です。

せっかくこれまで3人の女性を獲得し、ターゲットが決まりつつあったのに、それをリ

セットするのはバカのやることです。

3人もの人がEさんに対し、お金を払ってくれているのです。ということは、同じことを繰り返せば、4人、5人と増えていくのは容易に想像できます。

ここで顧客対象を変えれば、これまでの苦労がすべて水の泡となります。

セールストークも、顧客実績も、提供していたサービス内容も……すべてとは言わずとも、大半の部分をつくり直す必要があります。

しかも、対象者を変えるということは、アプローチするリストから再構築しなければいけないのです。これでは、せっかく確立してきたリソースが台無しです。

そうならないためにも、まわりの流行りなど一切気にせず、自分のことを受け入れてくれた顧客対象をベースにターゲットやポジショニングを決めなければいけないのです。

確定したポジションを強固に再現しろ

ここでひとつ気になることがあると思います。

それは、「最初に数人を獲得するまでは、何を指標にアプローチすればいいのか？」ということです。

ここがわからなければ、受注の確率を下げてしまうようにも思えるからです。

しかし、そこは深く考える必要はありません。

なぜなら、自分がこれまで培ってきた人脈などのリソースをベースにアプローチするので、そもそも見当違いな人などやってくることはないからです。

多少、性別や年齢層の前後はあるにせよ、来た人にアプローチすればいいのです。

そこで3人ないし5人と集まれば、彼らの共通点を知ることができ、ターゲットやポジションを決めることができます。

これが「ターゲットとポジショニングは、顧客に決めてもらう」という考えです。

だからビジネスにはテストが必要だし、実際に商品を売ってターゲットを明確化させることが大切なのです。

ここが決まれば、あとは簡単です。自分のことを受け入れてくれる人に対し、こちらから積極的に攻めることができるからです。

・**打ち出すメッセージ**
・**アプローチする方法**
・**提供するサービスや特典**

さまざまなことが手に取るようにわかります。

なぜなら、これまでの顧客をベースにターゲットを決めているので、ある程度のことは予測できるからです。

ここまでくればビジネスを外すことはなく、むしろ加速させることができます。これが、お金を払う可能性のある人「だけ」を狙うという方法なのです。

POINT

ターゲットとポジショニングは、顧客に決めてもらおう

15個も売れれば、その道のプロとなれる

次に意識しなければいけないことは、その分野のプロとなり、本気で生きるかどうかを決めなければいけないということです。

多くの人はこの認識がなく、いつまで経っても素人感覚が抜けないわけですが、お客様の立場で考えた場合、そんな販売者から商品を買いたいと思うことはないはずです。

ただ、これまでいくつかの商品は売ってきたとはいえ、本気でその分野のプロとして活動していくのかという不安もあるはずです。

なぜなら、いまのビジネスは始めたばかりだし、ほかにもっと自分に向いているものが

あるのではと考えてしまうのが人間だからです。だから迷いが生じるのは仕方ないとはいえ、ある程度のところで自分の居場所を確保しなければいけません。

その指標となるのが「15」という数字です。

どんなに自信のある人であれ、3個や5個商品を売った程度で、その分野のプロを名乗るのは気が引けると思います。10個を過ぎたあたりから、ある程度「この道でやっていけるかも？」と思えるようになり、15個を過ぎるころには、顧客の手前、途中でやめましたとも言えなくなります。

これこそが過剰にストレスを感じることなく、その分野のプロとなっていく過程です。

だからビジネスを始める前から、その分野で骨を埋めるなどと気合いを入れる必要もなく、商品を販売していくうちに、なんとなく決めればいいのです。

「そんな無責任な」と言う人もいるかもしれませんが、何もないところから15個売るというのは、並大抵のことではありません。残りの人生をビジネスに捧げる覚悟がなければ、なかなか達成できないことです。

しかし、そういったことを始める前から考えてしまうと、一生背負い続ける十字架のように重く感じてしまう人もいるので、好きなビジネスを嫌いにならないためにも、目の前にある1件の受注に専念することが大切なのです。

その結果、最初の1件が2件となり、2件が3件になることで、徐々にビジネスをすることにも慣れ、その分野の住民になることができます。

ビジネスは、日々の積み重ねです。ビジネスの世界に参入したからといって、翌日に1万件の受注が急に舞い込むことなどないのです。地味でも1件ずつがいいのです。

一気にいこうとしなくていい

ただ、この「1件ずつ」はメリットもあります。

それは、ビジネス初心者のあなたを、ゆっくりプロに変えてくれるということです。

人間、初めておこなうものは下手で当然です。しかし量を重ねることで質は向上され、プロになっていきます。

それをお客様と一緒に楽しむことができます。

「顧客が販売者を育てる」という言葉が、ビジネスの世界にはあります。最初、販売者が慣れないうちは、お客様もあなたから満足のいく提供など望んでおらず、応援したいという気持ちが勝っています。

だから多少寸足らずで見た目が不恰好でも、顧客はニコニコしながら、お金を払ってくれるのです。

これが、1件ずつ広げていく良さでもあります。

一気に1万件に広げるというような派手さはありませんが、第二の人生を楽しみながら自分を輝かせていくには、ちょうどいいスタートになるはずです。

そこで助走をつけて、15という数字を超えたら、本格的に攻めるということもできるようになります。ですので、最初から鼻息荒くするのではなく、まずは1件を取ることに集中してください。

POINT

1件ずつ、大切に

第5章

あなたの「勝ちパターン」を明確にして、一生安泰の生き方を

ビジネスはギャンブルじゃない。「勝ちパターン」を把握しろ

ビジネスを確固たるものにするためには、自分の勝ちパターンを確立することです。

多くの人は、この勝ちパターンを知ることなくビジネスを感覚でやっています。

「いやいや、私は根拠を持ってビジネスに取り組んでいます」と言う人もいます。そこで突っ込んだ質問を投げかけると、曖昧な答えしか返すことができず、「すぐに調べて、あとで回答します」というのが、お決まりのパターンです。

ビジネスを感覚でやっていたら、自分自身が成約を再現することも、スタッフに業務を任せることもできません。

こういう人に限って、「スタッフが育たない」と愚痴をこぼします。

これはスタッフがいけないというよりは、必勝パターンそのものが存在していないことが原因なのです。

人が育たない＝必勝パターンが存在していない

ひとつの事例をお話しします。

自由を求め、複数事業オーナーになりたいということで私のところに訪れたFさん。

当時は3人のスタッフを携え、美容機器を扱う会社を経営されていました。

良いときで年商は3億円。

しかし、あるときから売上は激減し、自分自身の売上を確保することで精一杯になってしまったとのこと。これでは複数事業のオーナーになるどころの話ではありません。

Fさんにその理由を聞くと「景気の悪化のせいで……」と答えました。

気になった私は、集客の方法や顧客に打ち出しているメッセージ、セールス手法に至るまで、あらゆる角度でヒアリングしてみることにしました。

すると意外や意外、3億円も売り上げていたにもかかわらず、「コレ！」といった必勝パターンがないことに気づいたのです。

すべて感覚で進めて、「売れているからいいや」で、ここまできていました。これでは、少し風向きが変われば売上が下降するのも無理はありません。

なぜなら、自分の得意な部分もわからなければ、問題箇所もわからないからです。

私は、ひとつずつ確認しながら、顧客へのアプローチを指示しました。

すると、商談が次々と舞い込み、連日、数百万円単位の売上が上がったのです。

Fさんはこの現象におどろき、「ビジネスが最高に楽しい」と言うようになりました。

それもそのはず、私が出した指示というのは、売れていた当時のことを思い出してもらい、当時の勝ちパターンをもう一度構築していく作業だったからです。

その反面、Fさんが気づいたことが、反省点です。

自分自身も含め、いままでビジネスを感覚でおこなっていたということです。

集客もセールスもすべて感覚です。

これではスタッフに業務を任せることも、チームとして売上をつくることもできません。商品が売れているときは懐も安泰ですが、少し景気が傾き商品が売れなくなれば不安が襲いかかります。そんなときに、私と出会ったのでした。

さて、この事例を見てわかるように、Fさんが売れなくなったのは、商品が悪いわけでも景気が落ち込んだわけでもありません。自分自身の勝ちパターンを把握せず、ビジネスを感覚でおこなうことで、売れるスタイルを見失ってしまったことが原因です。

ただし、これを戻すのは簡単です。先ほどのゼロイチの再現の例と同じく、**売れていた当時の状況をひとつずつ思い出し、再現していけばいいだけです。**

これでビジネスは安定軌道に戻り、さらなる売上につなげていくことができます。勝ちパターンさえ把握することができれば、拡張することはたやすいからです。

POINT

勝ちパターンの再現で、ビジネスはうまくいく

主観に頼るな！数字をベースに考えろ

ビジネスを感覚でおこなってしまう人は、主観で物事を考える傾向があります。

しかし、主観で物事を考えてしまっては、正しい評価をすることができません。

いい施策だったのか？　それとも悪かったのか？　客観的に判断できないのです。

すべては数字です。数字という根拠をビジネスの中に組み入れることができれば、科学的に評価することができます。

「ビジネスをする上で、感覚も大切なのでは？」と言う人がいます。

それは数字という評価があって初めて成り立つ話で、数字なくして感覚を語る資格などありません。

そんなことを言い出したら誰もが感覚で好き勝手に動いてしまい、収拾がつかなくなります。これでは怖くて、広告費などの経費をかけることができません。

ビジネスは、売上から経費を引いたものが利益として残ります。

その根底にあるさまざまな箇所を守る数字が不在となれば、最後、利益で判断するしか手立てはなくなります。

これでは、ビジネスを仕掛ける途中途中で手の打ちようがなく、結果を指を咥えて待つしかなくなります。

だから多くの人は、ビジネスをギャンブルに変えてしまうのです。

なんでも数字を出せる時代になった

いまの時代、数字はこまかく出せます。

たとえばテレビ業界には「視聴率」というものがありますが、いままでは週明けにならないと実数が出せませんでした。それが、いまではリアルタイムで視聴率が出せるようになったことで、週明けの速報を待たずとも即座に対策を打つことができます。

結果、視聴者の動向や興味をよりくわしく知ることができるので、視聴者だけでなくスポンサー企業が喜ぶ番組づくりができるようになりました。

そのほかにも、インターネットを使うようなビジネスも数字は詳細に出せます。アクセス数から閲覧時間、ひいてはページの表示箇所（どこまで見られたか）まで出せる時代です。

そんな中、なんの数字も出さずしてビジネスをするのは、遊びを通り越して、自殺行為と言わざるを得ないのです。

POINT

こまかい数字を出すことから逃げない

絶対に押さえておくべき6つの数字

では、どのような数字を最低限知っておく必要があるのか？

業種業態を問わずして、そして媒体を問わずして共通すべき項目があるので、確認しておきます。

（1）アプローチ数（配信率）
（2）閲覧数（クリック率）
（3）来訪者数（認知率）

(4) 集客数（リスト獲得率）
(5) 体験動員数（誘導率）
(6) 成約数（購入率）

この6つです。これはどんな業態であれ最低限押さえておくべきものなので、ひとつずつ解説していきます。

反応率がわからなければ、ビジネスなんてできない

(1) アプローチ数（配信率）

たとえば新聞の折り込みの場合、配布する地域（範囲）を決め、何世帯にアプローチするのかを決めます。

雑誌広告の場合、雑誌ごとに発行部数が決まっているので、そこが上限となります。

インターネットの場合、メールマガジンの広告などは、配信部数（読者数）が依頼先に

より異なります。

（2）閲覧数（クリック率）

インターネットの場合、情報を受信した人の中から、さらに情報の中にあるURLをクリックした人の数です。チラシや雑誌などのアナログ媒体の場合、計測できるものがないので閲覧数を把握することはできません。

（3）来訪者数（認知率）

インターネットの場合、アクセス数と呼ばれるものです。受信したページを目にした人の数です。チラシや雑誌などのアナログ媒体の場合、計測できるものがないので来訪者数を把握することはできません。

（4）集客数（リスト獲得率）

インターネットの場合、今後、アプローチできるようにするためにメールアドレスなどを取得した数のこと。

チラシや雑誌などのアナログ媒体の場合、名前を含めた電話番号や住所になります。「見込み客が希望するプレゼント」と交換することで、顧客名簿を集めることができます。

たとえば、飲食店でよく見かけるような「店舗の公式LINEに登録してくれたらドリンク1杯無料!」であったり、講演会などでよく見かけるような「お名前とメールアドレスを記入して、アンケートに答えてくれたら、今日の講演会動画を無料でプレゼント!」などのようなものです。

(5) 体験動員数（誘導率）

セールスをおこなうための場をセッティングした際に、来てくれた人数です。

コツは、いきなり商談会をやらないことです。いきなりだと誘導率が低下するので、何か体験を促すもの（セミナーやお茶会、診断会など）のほうが、相手も抵抗なく参加してくれます。

（6）成約数（購入率）

最後は、商品を買ってくれた人の数です。何人中何人が商品を買ったのかを調べれば、購入率を出すことができます。ちなみに、対面でのセールスの場合、平均値は50％。セミナーセールスの場合、平均値は30％と言われています。

このように、それぞれの項目を数値として出すことができれば、どこは規定値を満たし、どこを早急に改善しなければいけないのかが見えるようになります。

POINT

顧客がどの程度反応してくれたかをリサーチしよう

年齢は関係ない。学び続ければ上限を迎えることはないのだ

ビジネスには、終わりがありません。

知識を身につけ、経験することでスキルにつながり、実績は積み上がります。

だからといってやみくもに勉強すれば、すぐ武器に変わることもありません。

いまの自分に不足しているものを常に把握し、穴を埋める策として日々努力をすれば、必ず道は拓け、次のステージに上がるきっかけを得ることができます。


人の収入は、器の大きさによって決まります。ということは、その器を大きくする学びを得ることができれば、収入は必然的に上がります。

しかし、学びに背を向け、器を広げる活動を怠れば、収入は頭打ちとなりステージを上げることはできません。

「**成功者は何事に対しても〝まだまだ〟だと感じ、凡人は〝もう十分〟だと考える**」という言葉があります。職業柄、私はさまざまな人と出会い、相談される立場でもあるので、このことを日々痛感しています。

ビジネスを組む相手がある程度の規模になると、「もう十分だ」と考える人が増えていきます。有名な心理法則で「パレートの法則」というものがあります。要約すると、2割の人はまだまだと感じる一方で8割の人はもう十分だと捉えてしまう、というものです。

要するに、事業の規模が大きくなればなるほど、情熱の低い人がチームに混じってしまい、うまくいかなくなる可能性が出てくるということです。

何が起きても自分だけはあきらめてはいけない

つい先日も、このようなことが起きました。

たまたま新しくスタートした企画が、ゴールデンウィークに重なり、デザイナーが休暇を取ってしまいました。

もちろん、休みというのは国民に与えられた権利でもあるので、「休むな」ということではありません。しかし**障害に対応し、緊急連絡先を準備するのは、無理な要望ではありません。むしろ、企画を成功させる上で欠かすことのできない必須要素となります。**

恐れていた通り、企画をスタートさせてすぐに障害が巻き起こり、ホームページの改善を余儀なくされてしまいました。

とはいえ、デザイナーとは連絡がつきません。そこで仕方なく私が直接サーバーにアクセスすることで、緊急処理を施すことにしました。

これで一件落着……と思いきや、そこで気づいたことがひとつあります。

今回、公開されたページは、スマホでの表示の対応もしていなければ、複数端末の対応もできていなかったのです。

衝撃でした。デザインを担当した人間は、チームメンバーの一員でありながら、「もう十分だ」と考え、「パソコンでアクセスする人にだけ対応すればいいか、明日からは長期休暇に入るし」ということだったのです。これでは、企画自体うまくいくはずもありません。

しかし我々も、ここであきらめるわけにはいきません。

常に「まだまだ」だと考え、ありとあらゆる策を講じることにしました。

結果、集客数は通常より少なくなってしまいましたが、1週間のセールスで8000万円を超える売上を上げることができ、ほっと一息つくことができました。

何度も心が折れそうになりましたが、最後まであきらめることなく挑み続けたことで手に入れることができた成果でもあります。


あなたも何かに取り組む際は、「もう十分だ」と考えるのではなく「まだまだ」と考え、脳をフル回転してください。そうすることで、いままでにはなかった大きな成果を手にすることができるようになります。

POINT
「もう十分」とは考えず、つねに「まだまだ」と考える

究極は「自動化」だ

この章でお話しした「数値化」や「勝ちパターン」を手に入れることができれば、お金と時間の自由を手にできる究極形態である「自動化」に移行することができます。

いまの時代、大企業でなくとも、そしてロボットを使わずとも、数字を使いこなし、勝ちパターンさえ構築すれば、あなたの事業にも「自動化」を導入することはできます。

私は年間何億円もの金額を「1人で」売り上げていますが、その背景には自動化を取り入れた綿密な戦略が組み込まれています。

だから社員やパートを雇わずとも、1人でビジネスを回し、億単位のお金を稼ぐことができているのです。

「数字の把握」と「勝ちパターン」で自動化は実現できる

これは私が特別だったからではありません。勝ちパターンさえ構築することができれば、あなたにも同じようなことができますし、自分が動かずとも自動で収益を得ることは可能となります。それを叶えてくれるのが、「ビジネスの自動化」です。

言い換えればオーナーになるとも言えますが、オーナーとは人を雇う人ばかりではないということです。自動でビジネスを運用し、利益を出し続けることができれば、誰だってオーナーになることは可能です。

具体的な方法については最終章でお話ししていきます。

POINT
複数収入のつくり方の究極系である「自動化」を目指せ

最終章

「自動化」を
構築して、
永遠の資産を築け

お金持ちと凡人の「資産」に対する考え方の違い

お金持ちと凡人は、資産に対する考え方が違います。

お金持ちは、この世に自分がいなくとも経済的不安を家族に残さず、安心をもたらしてくれるもののことを資産と呼びます。

そのため、いつ自分がいなくなってもいいように資産形成し、労働とは関係なく子孫まで引き継げる収益構造を確立しています。

一方で凡人は、死亡保険に加入して一時金を家族のために残すことは考えますが、基本姿勢として貯金することが資産を構築することだと考えています。

そのため、これまでがんばって稼いだ金額を銀行に貯め込んでしまったり、怖くて手がつけられない状態になります。

資産は自分でコントロールできるもので構築せよ

少しでも増やさない限り、お金は使ったら使っただけなくなるので、多くの人は、少額でも資金を増やせる株や不動産に投資します。

投資する金額が小さければ小さいほど、高い利率を狙わざるを得ないので、そのぶんリスクを抱えることになります。これでは、投資の知識がない人が足をすくわれるのは当然です。

2018年は、もっとも自己破産者が増えた年だと言われています。その背景には、仮想通貨の暴落ですべてを失い、消えていった人が数多くいたのです。

このように、知らぬものに手を出せば、一時的に儲かったとしても長く稼ぎ続けることはできませんし、リスクだけが増えます。これでは安心して眠ることはできません。

こんな話をすると、資産構築というのは凡人には一生無縁な世界のようにも思えます。

しかし、ここにビジネスの視点を少し入れるだけで、インパクトは大きく変わります。

投資の世界では、100万円預けて、1年後に130万円になるものを、年利30%の投資案件といいます。投資の世界で30%を安定的に稼ぐのは非常に難しいことです。

不動産投資ですら年利10%は優良物件と言われるように、年利30%という数字は、そうあるものではありません。

しかし、この同じ100万円をビジネスに投資した場合、印象は大きく変わります。

1年経って、年商130万円にしかならない会社など、クズでしかないからです。これでは給料すら出ません。

この2つを比べておかしいと思いませんか?

数字的には、同じ100万円を1年運用し、130万円になったということには変わりありません。にもかかわらず、投資の世界では優等生となり、ビジネスの世界では劣等生になるのです。

このことからわかるように、同じお金を使うのであれば、投資よりビジネスのほうが確実で簡単だということです。

しかも、投資と違って、ビジネスは自分でコントロールすることができます。こんなに安心なものはありません。

要するに、資産を構築する上で、

- **自分が知っているものであること**
- **自分でコントロールが利くもの**

であることが大切なのです。

POINT

金融や不動産投資ではなく、ビジネスから始めよう

起業家が引退する時期、それは「仕組み」ができたとき

この観点を資産構築に入れると、あなたの老後は一気に花開きます。

たとえば、会社員として営業歴30年の人が、自分の営業力というリソースを使って、営業マン向けの教材を商品としてつくると仮定します。

先ほどの100万円を資本金に入れ、5万円の教材をつくりました。

その結果、毎日1個売ったとします。

その場合、1か月は30日あるので、5万円×30日で150万円のインパクトが生まれます。年間にすれば、1800万円の売上です。

多少の経費はかかるにせよ、100万円のお金が、1年経つころに1800万円です。

これを投資の世界で考えた場合、詐欺案件以外考えられません。

ビジネスの世界になれば、この1800万円は特別なものではありません。正しいやり方をきちんとおこなえば、むしろ普通です。

単発で見れば5万円という金額のものでも、毎日1個というレバレッジをかけることで、通常では考えることのできないインパクトを与えてくれます。

老後、働かずとも150万円の報酬を毎月、毎月、毎月、得ることができるのです。

これが、凡人が一気に人生を変える「資産構築法」の考えです。

1万円の商品も5万円の商品も、かかる労力は一緒

この考え方を持つことができれば、あなたがいまからすべきことは、ひとつ。

5万円の商品を毎日売る仕組みを構築することです。

これが、ひとつのゴールです。

というのも、中高年の起業というのは若い人と違って、ロングスパンで計画することができません。どんなにがんばっても、5年、ないし10年が限界です。

何か新しいことを始め、ひとつのゴールに向かってかたちをつくると考えた場合、期限やお金をきちんと考慮した上で戦略を組み立てなければいけないということです。でなければ、労力と時間を無駄にするだけで、最期の人生、何も成し得ることはできません。

これでは、何のための起業なのかわかりません。

もちろん、あなたが趣味の一環としてビジネスをおこなうというのであればボランティア的発想でもいいですが、老後資金を稼ぐためのビジネスという位置付けで考えるのであれば、期限を決めた上での予算組みをすることです。

それさえできれば、あなたの引退時期は決まります。

それは、「5万円の商品が、毎日1個売れる仕組み」が完成したときです。

自動化で、不労所得を

(例)営業歴30年の会社員の方であれば…

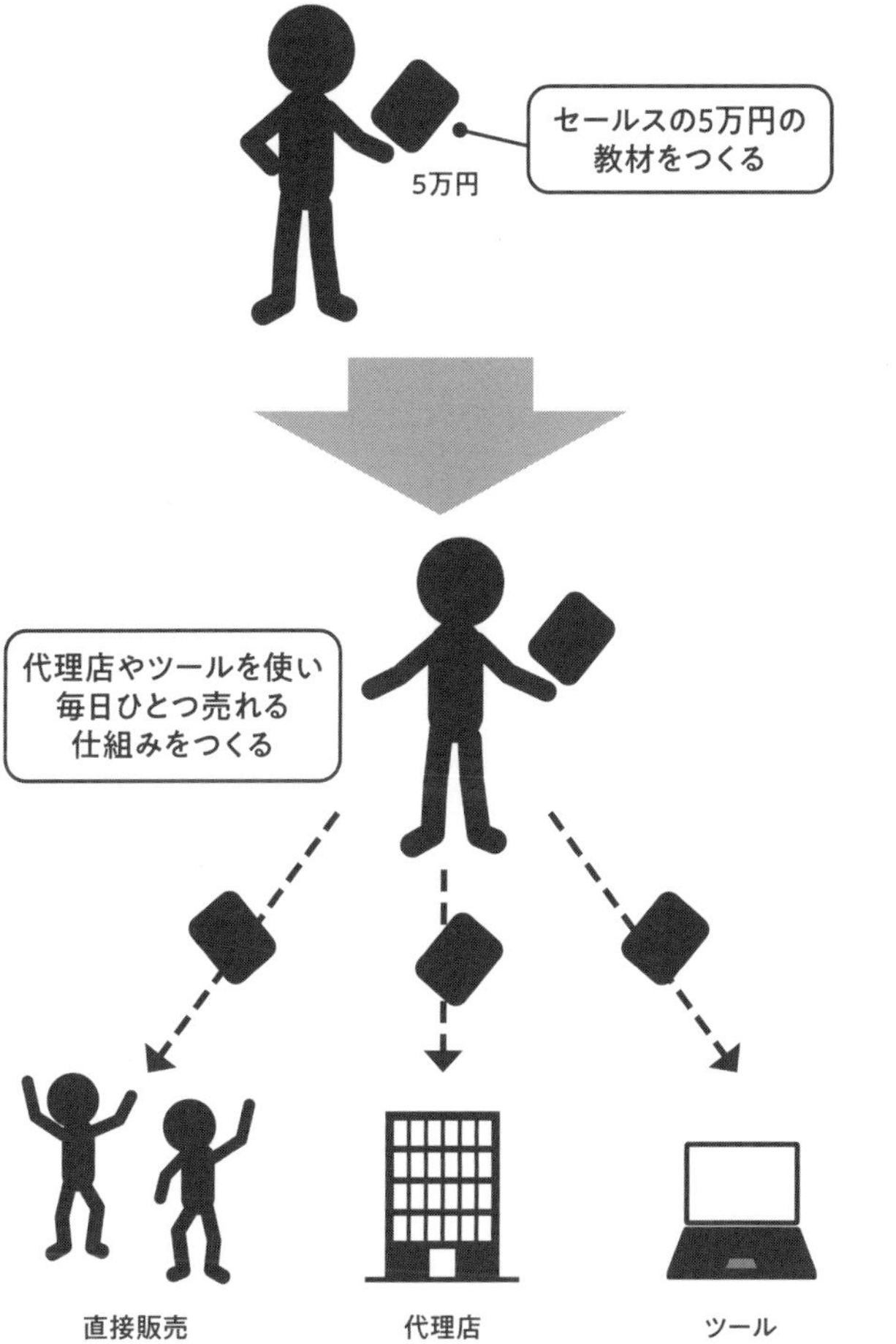
セールスの5万円の
教材をつくる
5万円
代理店やツールを使い
毎日ひとつ売れる
仕組みをつくる
直接販売
代理店
ツール

手を動かさずに、永遠の資産を築け!

もちろん、「自分は年金があるので、月に30万円もあれば大丈夫」というのであれば、1万円の商品を扱っても構いません。

でも正直、1万円も5万円も同じです。仕組みをつくる工程は同じですし、扱う商品を変えれば済むことです。

先ほどの営業の教材の例でいえば、商品をつくる手間も、仕組みを構築する手間も、1万円の商品だろうが5万円の商品だろうが大差はありません。

だから、「1万円の商品のほうが楽に売れるかも?」と考えるのではなく、まずは引退に向けた仕組みづくりを開始することです。

それが、いまから始める「複数収入のつくり方」のあり方です。

POINT

5万円の商品が毎日売れる仕組みを構築せよ

業務を細分化し、まずは簡単な部分を切り離せ

自動化を実現する上で、大切なことがあります。

それは「業務の細分化」です。

業務を細分化すればするほど、能力に依存することなく、オリジナルを再現することができます。ここがもっとも大切なことであり、核となる部分です。

というのも、自動化というのは、ブームに合わせてドカーンと売るものではなく、じっくり確実に安定性を持って売っていくことが秘訣だからです。

そのため、各々の能力に依存するようなプロモーションとは違い、誰でも確実に再現で

きるものにしなければいけないのです。

それを叶えてくれるのが、業務の細分化なのです。

セールスはこのツールを使う、請求はこのシステムを使う、動画の編集はこの人にやってもらう……というように、細分化して分担するのです。

この核となる部分を見過ごすと、どんなに便利なツールやシステムを使っても、成果を出すことはできません。

大切なのは、そのシステムに乗せる企画であり、コンテンツです。そこを無視して考えている間は、ツールに振り回されるだけです。

稼げる自動化ツールを導入したのに、なぜ稼げないの？　もしかして詐欺だった？　などと余計なことを勘ぐる人もいますが、ツールは魔法ではありません。

そこを見過ごしている限り、いつまで経っても、望む自動化人生を手に入れることはできません。

それを避けるためにも、まずは対面で何件か売り、自分の勝ちパターンを明確にすることです。その上で業務を細分化し、切り離しやすいところから手放していきます。

パートさんに任せて自身の労力を切り離してもいいですし、便利なツールやシステムに任せてもOKです。

いまは便利なツールが世の中にたくさん出ていますので、上手に活用しながら、あなた独自の自動化を叶える仕組みを構築してください。

自動化を実現する2つの基本ツール

ちなみに自動化を叶えるツールは、アナログで実施するより、デジタルのほうが楽に実装できます。この本の冒頭にインターネットは難しいとはお伝えしましたが、誰かに任せれば済むことですので、いくつかご紹介しておきます。

まず、はじめに「ステップメール」と呼ばれるものです。

簡単に説明すると、メールを1通ずつ順々に送ってくれるシステムです。

メールマガジンとは違い、登録日に応じて、異なるメールを送ることができます。

たとえばAさんが1月1日にステップメールに登録した場合、この日付（1月1日）を基軸に1通目のメールは○日後に配信、2通目のメールは○日後に配信といった具合に、事前にセットしてあるメールを、設定した日時に、全員に送ることができます。

このようなシステムを活用することで配信忘れを防ぎ、安定的に顧客フォローをすることもできますし、その中で商品を案内することもできます。

次に、オンラインセミナーを自動で実装してくれるシステムです。

私の会社は、ウェビナーオートシップ（通称：WAS）というものを自社開発しましたが、ほかにも似たようなシステムは、国内だけでなく海外にもあります。

なぜ私が既製品ではなく自社開発したのかと言うと、どこのシステムも一長一短あり、「これ！」といったシステムがなかったためです。ならばいっそ、自社で開発してしまおうとのことで、つくってしまいました。

このシステムを簡単に説明すると、集客からセールスまでを一貫して「自動で」おこない、あなたの預金残高を勝手に増やしてくれる優れものです。

文字で見てもなかなか理解することができないと思いますので、私が実際に自動で運用しているシステムを体感してください。

（見本）無料オンラインセミナー
http://www.adw-zion.com/was/one/opt/opt.html

観ていただけましたか？
これがまさかすべて自動で稼働しているとは、想像できないと思います。
そのほかにも、世の中には便利なツールやシステムはたくさんありますが、あくまで大切なのは、そこに乗せる企画です。この根底となる部分を見過ごしてしまうと時間を無駄にしますので、ツール探しはほどほどにしてください。

POINT

メールもセミナーも自動化してしまえ

社員なんか探すな、あなたの元にはやってこない

自動化を実現するためには、作業の細分化が大事だということは理解できたと思います。細分化によって、あなたはさまざまな自動ツールや外注業者を使いこなすことになります。

つまり、社員など雇う必要はないということです。

しかし、それでもビジネスをしていると、右腕となる社員の存在を探してしまう人がいます。というか、ほとんどです。

冷静になって考えればわかりますが、独立したばかりの会社に能力の高い人などやってきません。仮に、そんな人がいたとしても、あなたと一緒にビジネスをする理由がないの

です。能力が高ければ高いほど、自分でやったほうがメリットが多いからです。

にもかかわらず、大半の人は、「自分の代わりに苦手なセールスをして、仕事を受注してきてくれる人がいると嬉しいな」などと勝手な妄想を描きます。

そんな奇跡がやってくることはありません。来たとしても、ろくでもない人材に違いありません。これでは、パワーになるどころか足枷になるだけです。

人材はすべて外注でOK

だから、ビジネスを早く安定させたければ、期限を決めたゴールを明確にし、右腕ではなく、作業を淡々とこなしてくれる有能な機械やオンライン秘書を見つけることです。

そうすることで、あなたは重要な仕事に集中することができます。

新しい企画を考え、戦略を組み立てる、という仕事です。

そのあとの実装については、有能な外注パートナーに任せればいいことです。

そこでせこくお金をかけずに「自分でやればタダだし」などと言っていたら一生、自動化を手に入れることはできません。そこは必要経費として割り切り、外注パートナーに任せることです。

いまの世の中、固定で雇わずとも有能な人はたくさんいます。その人たちに出会うことで、あなたの負担を軽減してくれます。

それでも不安な方や外注パートナーを探すツテがないという方は、起業専門におこなっているコンサルタントもたくさんいますので、その支援を受けるのもありです。

あなたには、時間がありません。この数年の間に自動化の仕組みを完成させなければ、安定した引退ライフはやってきません。

だから、お金をケチるという発想は脳から追い出し、理想とする世界を1日も早く手に入れることにこだわるのです。そこさえブレなければ、あなたの自動化は間違いなく完成します。

POINT

外部の有能なプロに任せよう

あなたの事業を守るブラックボックス戦略

ひとつ、耳が痛い話をします。

事業の自動化がうまくいき始め、信頼できる外注スタッフに任せられるようになったときに、どうしても考えて対策しておかなければならないことがあります。

それが「事業の乗っ取りの危険性」です。

この部分を見過ごし自動化に着手すると、最悪、任せていた外注スタッフに裏切られ、事業そのものを乗っ取られる可能性があります。

これでは安心した引退ライフがオジャンとなりますし、人間不信になります。

そうならないためにも、乗っ取りを防止する策を講じることです。

その策とは一体？

それが「ブラックボックス」を設定することです。

このままではイメージできない人もいると思うので、事例を通じて話していきます。


私の友人であり、起業仲間でもあるZさん。

Zさんは当時、転売ビジネスをしていました。

転売ビジネスとは読んで字のごとく、物を仕入れて、利益を乗せて、ほかに売るというビジネスです。非常にシンプルなビジネスモデルであるため、よく売れる商品がバレてしまうと、すぐに真似される危険性があります。

これがライバルにバレるならまだしも、スタッフにバレると、ビジネスを乗っ取られるなんてこともしばしば……。

Zさんも足をすくわれ、作業を任せていたスタッフにビジネスを乗っ取られてしまいました。

仕入れ担当と販売担当を分けることなく、一緒にしてしまったことが原因です。「バイト代も1人分で済むしな」と、せこい考えをしてしまったことが仇となりました。

2つの業務を1人がおこなえば、仕入れ値も利益も丸わかりです。

こうなると、バイトからすれば、雇い主を挟む理由がありません。

結果、数か月後にはそのバイトは消え去り、ビジネスは乗っ取られてしまいました。

一番大事なところは、身内にも見せてはいけない

では、どうしたらビジネスを乗っ取られることなく、スタッフに運用を任せることができるのか？　それが、「ブラックボックスを設定する」という方法です。

要は、見えない箇所をつくるということです。

Zさんのケースでは、仕入れと販売担当をそれぞれ分けて接点を断絶すれば、フィルターをかけることができます。

それが儲かっているのか、それとも損しているのか、単体の部署を見るだけでは知るこ

とができません。これがブラックボックスをつくるという考え方です。

ビジネスを長期的に守るという観点を持っていれば、Zさんもビジネスを乗っ取られるということはなかったかもしれません。このブラックボックスという観点と、コストをかける大切さを見失ってしまったからこそ、最悪の結果を迎えることになってしまったということです。

自動化を叶える上で大切なことは、儲けのトリックをすべてスタッフに明かすのではなく、隠す大切さも忘れないことです。

そこを見過ごしてしまうと、あなただけでなく、手伝ってくれている社員まで路頭に迷わせることになります。それだけ、この自動化システムというものは、一度完成したら誰もがうらやむキャッシュマシーンになるということです。

POINT

儲けのトリックはスタッフにも隠せ

完全自動を叶える「広告」を味方につける術

ここまでのことで、自動化の魅力と乗っ取り回避策について学ぶことができたと思います。最後に、自動化の運用を確実かつ永遠に叶えてくれる策をお伝えしておきます。

それは「広告を味方につける」という考えです。

いくら完璧な自動化システムが完成したとしても、そこに訪れる集客が1件もなければ、仕組みが稼働することなく、存在も忘れられます。

これでは、せっかくの引退ライフも泡となり、また労働に虐げられる生活に逆戻りです。

それを避けるためにすべきことが集客であり、広告をかけるという考えです。

この入口をせこくケチれば、その後、生み出されるはずの売上が立つことはありません。自動化の夢を確実なものに変えるためにも、きちんと広告を打ち、集客が止まらない仕組みをあわせて組み込んでおくことが大切です。

「広告を運用していたら引退ライフどころの話ではないし、なんか難しそう」という人がいますが、自分でやろうとするからおかしくなるのです。

世の中、広告を運用してくれる代理店など山のようにあるので、マージンを払って専門業者に任せることです（ただし業者選定には細心の注意を払ってください。ポッと出の素人がやっているケースもあります）。

そこさえ押さえておけば、あなた自身が広告運用の勉強をせずとも集客が止まることなく作動し続け、あなたの元には売上という宝石が降り続けることになります。

つねにお金の流れをつくれ

ここまで語ってきたように、ビジネスとはすべて仕組みで動いています。

その仕組みを構築できた人はお金持ちとなり、自分で引退する時期を決めることができます。逆に、仕組みを構築できない人は、定年後も一生労働に拘束される人生が待っています。

最高の老後生活を迎えるためにも、貯金するのではなく、ビジネスに投資し、お金の流れをつくってください。その流れがある限り、あなたは一生お金に困ることはありません。

お金は流れです。お金を出せば、舞い戻り、増やしていくことができます。

つねに流れを生み出し、複数収入を実現しましょう。

それが、あなたと家族を守る唯一の手段です。

POINT

広告運用も代理店に丸投げしてしまえ

あとがき

いま、激動の時代を我々は生きています。

バブルがはじけて数十年、かつての勢いは、いまの日本にはありません。

終身雇用の廃止、大企業の倒産、年金制度の先延ばし……。悪い話が耳に入ることはあっても、良い話を聞くことがなくなりました。


そんな中、否応なしにやってくるのが、定年後の「老後生活」です。

昔の日本では、老後は年金をもらうだけで生活費を十分に補うことはできたし、その中からわずかであっても貯蓄に回すこともできました。

だから普通に過ごしていれば、不安を感じることもありませんでしたし、老後破産を迎える人もいませんでした。

しかし、いまは違います。年金だけで生活することはできません。古い考えのまま現代を生きれば、足をすくわれ、普通の生活すら送ることができなくなります。

これでは、大切な家族を路頭に迷わせてしまうことになります。

だからといって、定年後に近所にアルバイトに行くにしても、シニアが働ける席はありません。最近では若い人だけでなく、外国人労働者がシニアの働き口を占領し、やる気や気力は十分あっても、受け入れてくれるところがないのです。

これでは、せっかくのスキルを、どこにも活かすことができません。自らの意思で居場所をつくらない限り、老後は生活することすらできない可能性があるということです。

それを助長するかのように、政府は2000万円問題をメディアを通じて発表しました。正直、2000万円で足りないのは、あなたが一番よく知っているはずです。

さすがにいまの生活を老後も同じようには過ごさないとしても、それでも足りないのは容易に想像できます。

なぜなら収入はないのに、老後の生活は延びているからです。

人生100年時代。60歳で定年を迎えたとしても、あと40年は生きなければいけません。

そう考えると、とても2000万円どころの話ではないのです。

しかも最近は、退職金が出る会社も少なくなったので、ローンの返済も終わらずじまい。

これでは、老後にどこに住めばいいのか、わかったものではありません。

だから、あなたはいまこの瞬間から動き出さなくてはいけません。

会社や政府に頼らない生活を自ら構築しなくてはいけないのです。

いまの日本人に必要なのは「自立」です。

日本の現状を考えると、根底的に考え方を変えない限り、共倒れします。だから、いまから動き出す必要がありますし、変わる必要があります。

それが「自立する」ということです。

言い換えると、自分でビジネスを起こし、誰にも頼らずとも家族を守るだけの力を持つ必要があるということです。

そこに目を向けるか向けないかは個人の自由なので、私がとやかく言うことではありません。でも、この書籍をここまでお読みいただいたあなたには伝えておきたいメッセージがあります。それを最後に贈ります。

年齢など関係ない。

自分が「おもしろい」と思うものに死ぬ気で挑戦すれば、絶対に叶う。

あなたならやれる。健闘を祈ります。

最後に

私は、いまから10年ほど前に自殺を考えたことがあります。

家庭の事情と会社のストレスが原因で、うつ病を患い、会社に行けなくなりました。毎日毎日、ただ時間が過ぎるだけで、何のために生きているのかがわからなくなりました。こんな生活を送るぐらいなら死を選んだほうがましなのでは……？　と思うようになり、自殺未遂をはかりました。

そんなときです。

1匹のテコという名の猫が私の人生を救い、再起するきっかけを与えてくれました。

テコはまさに「招き猫」のような存在でした。

なぜなら、テコは私に元気を与えてくれただけでなく、妻との出会いと、2人の子どもたちを授けてくれたからです。

とくに私の中で大きかったのは、長男レムの誕生です。

レムは今年10歳になりましたが、私に非常に似ています。見た目だけでなく、性格もそっくりです。だからこそ、レムにはカッコいい背中を見せたいし、将来、一緒にビジネスもしたいと思っています。

ただ、教育を優先するばかりに離れて過ごすことも多く、2週間ぶりに出会うと、一気に大きくなっている、なんてこともよくあります。

そんな瞬間は、いまの生活を続けていいのか不安になります。

あと3年もすれば親離れしてしまうのでは、と恐怖に襲われるからです。

そのときは本気でビジネスから引退することも考えましたし、セミリタイアして子どもの成長を側で感じる生活に移行することも考えました。

しかし私にとって、この3年は人生の節目を迎えるひとつの分岐点でもあると感じたので、寂しい気持ちをグッと堪え、そのぶん「誇れる背中を見せる」と決めました。

それがレムに伝わっていると感じたのは、レムが学校で書いた手紙にあります。
そこには生活のことや妹のリラに関することなど、さまざまなことが書いてありましたが、最後の文章に「私との未来」が書いてあったのです。
それを見たとき、いままでやってきたことは間違いではなかったと本気で思えた瞬間でもありました。

なぜなら、私の夢でもある思いが、レムに伝わっていると感じたからです。
だから、「最後、パパが喜ぶことが書かれているよ」と、レムから手紙を渡されたときは、嬉しくて嬉しくて仕方がありませんでした。

それが、こちらです（後半の部分だけ抜粋）。

「If I grow up I will be working with my dad I will be writing a book a together and sell many things. My goal is to type two book and sell more than thousand book.」

レムは、カナダに住んでいるので英語の手紙です。簡単に翻訳すると、

「大きくなったら、パパと一緒に仕事をして、2冊の本を書き、1000冊以上売りたいです」

まだレムも10歳になったばかりなので、このような小さな数字を掲げていますが、大きくなったころ、この何十倍、何百倍の数を実現させてあげるような父親でありたい、と思っています。

そのためにも、これまでは背中を見せるという起業家教育しかおこなってきませんでしたが、これからは本格的にビジネスを教えていきます。

本文でも書きましたが、最近はパーソナルブログを立ち上げ、ブログを書かせるということも始めました。

いまはまだ、趣味のゲーム（マインクラフト）を題材にした内容ではありますが、徐々

に練習を重ね、本格的にビジネスに移行させていきます。

そのときレムがどんなビジネスを仕掛け、世にインパクトを与えるかは、まだわかりません。ですが、親として最高の環境とリソースは準備してあげたいと思っています。

それが、いまの私の「最大の目標」であり、会えない期間を埋める子どもたちへの償いでもあります。

本書を読んでくださったあなたは、きっと40〜50代、人の親であるという方も多いでしょう。親として、子どもにカッコいい背中を誇れるように、豊かな人生をともに目指していきましょう。

最後までお読みいただき、ありがとうございました。

船ヶ山哲

著者プロフィール

船ヶ山哲（ふながやま・てつ）

心理を活用したマーケティングを得意とし、人脈なし、コネなし、実績なしの状態から、起業後わずか5年で1000社以上のクライアントを獲得。そのクライアントは、上場企業から町の小さな商店まで幅広く、北は北海道から南は沖縄まで、さらに遠くはギリシャやコロンビアまでサポートをおこなう。プライベートでは、子どもの教育を最優先に考え、カナダのバーナビーに在住。その卓越したマーケティング手法は、数々の雑誌やメディアに取り上げられ、テレビ番組のメインキャストを務めるほか、ラジオ番組でのパーソナリティーとしても活躍中の起業家。

著書に、『稼ぎたければ、捨てなさい。』『超・起業思考』『洞察のススメ』（きずな出版）、『会社を辞めずに収入を月50万円増やす！』（集英社）、『武器としてのビジネススキル』（PHP研究所）など多数。

まだ間に合う！
定年までに複数収入をつくる「お金革命」
―50歳からの稼ぎの新習慣

2020年1月14日　第1刷発行

著　者　　船ヶ山哲

発行者　　櫻井秀勲
発行所　　きずな出版
東京都新宿区白銀町1-13　〒162-0816
電話03-3260-0391　振替00160-2-633551
http://www.kizuna-pub.jp/

印刷・製本　　モリモト印刷

ISBN978-4-86663-096-0

きずな出版